U0143014

臺灣教育評論學會策劃
2016年度專書

教育品質

方德隆　主編

楊思偉、丘愛鈴、林顯明、宋宥賢
陳麗珠、吳俊憲、林素娟、吳錦惠
陳幸仁、高翠鴻、吳善揮　　　著

五南圖書出版公司 印行

主編序

　　行政院教育改革審議委員會（1996）提出《總諮議報告書》揭示了我國教育改革五大方向，其中提升教育品質已成為我國重要的教育政策。「教育品質」意指學習者接受教育後，在認知、情意、技能目標上產出質量的水準。教育品質指標可分教育投入、教育歷程、教育產出或結果：教育投入指標指學校資源與過程，包括教學時數、內容、合格教師數，及經費支出等；教育歷程包括政策法令、行政與制度、教育目標、教育內容；教育產出或結果指標指學生成就，包括知識、技能與態度。基於以上的認識，各教育階段的教育工作者重要的責任即在擬訂一個以學生為中心，且更具合作氣氛學習環境的品質教育計畫，以符合學生、家長和社會的需求和期望。

　　首先，1980年代之後，臺灣的高等教育在數量上快速擴張，由於入學門檻降低，大學生的學力表現已較過去有顯著落差，如果在學習的過程未能給予學習支持系統，那麼教育品質堪慮。我國有些大學獲得「國家品質獎」，曾運用全面品質管理（TQM），有系統地實施品質、政策、目標、程序、稽核，及評量等程序，以建立「教學品保系統」。大學也運用品質保證的策略，從課程、方法、技巧、評量、學生回饋等方面，從事教學方法與技巧的改進。

　　其次，十二年國民基本教育已於2014年8月實施，許多學校、師生、家長與社會人士多半仍然關注升學考試制度的變革，而忽略了教育的過程與品質。鑒於「追求卓越，提升品質」為近年來教育思潮的焦點，新北市教育局將2015年訂為「教育品質

年」，以推動「實驗教育」、「食育教育」和「國際教育」爲主軸，每年選定主題，持續推動在地就學理念，以提升學校辦學品質和學生適性發展爲目標。

　　再者，在全球化的今日，教育市場化成爲西方國家的流行趨勢，其緣起是各國政府普遍面臨財政困境，因而期望擺脫政府的財政負擔，減少支出，包括教育項目；但另一方面，執政者仍希望透過教育的力量提升教育品質並維持國家力量，進而提升效能，故莫不期待以最少的付出，達到教育的最大效益，所以，市場化就成爲各國政府提高其國家競爭力的理想方式。就教育的角度來看，此種傾向新自由主義（neo-liberalism）的改革，係對政府長期獨占教育之反動、政府財政的日益惡化、公立學校的教育品質低落的一種反應呈現。透過政府的減少管制與增加鬆綁民間企業，期能共同投入教育，或是運用企業管理與市場法則來經營教育，也都要關照到學生的學習品質。

　　基於上述的背景，本年度「臺灣教育評論學會」的年刊主題訂爲「教育品質」，總共收錄九篇文章。第一篇是南華大學幼兒教育學系楊思偉教授所寫，由《師資培育白皮書》分析，以建立師資培育品質保證機制，本文論述國內有關師資品質之政策項目，期望未來能眞正落實，將可確保提升各級教育品質。第二篇是國立高雄師範大學教育系丘愛鈴教授所撰，從教師專業發展行動理論觀點，分析教師專業學習社群提升教學品質的關鍵要素，本文先闡釋教師專業發展行動理論模式的內涵與特色，進而分析教師專業學習社群運作的六項關鍵要素，希冀提供中小學有效運作教師專業社群之參考。第三篇爲國立中山大學政治學研究所博

士生林顯明老師所寫，從行政與教學的觀點，探討兼代理教師對教育品質的影響，建立兼代理教師的支持系統，藉以增進總體之教育品質。

第四篇文章則是國立中山大學教育研究所博士生宋宥賢老師所寫，從探討專任輔導教師如何深耕諮商效能，作為「鞏固教育品質穩定的力量」，以實務策略喚醒我們對於專輔教師確保諮商成效的重視。第五篇為國立高雄師範大學教育學系陳麗珠教授所撰，「十二年國民基本教育財務之政策弔詭」，論述十二年國民基本教育之財務規劃以及政策之弔詭，建立學費與學生收費調整與監督機制，方是長久之計。第六篇則是由靜宜大學教育研究所吳俊憲教授、臺中市育英國小林素娟老師與中州科技大學行銷與流通管理學系吳錦惠教授合著，探討臺中市「中小學校務評鑑—發展學校亮點計畫」的實施與改進，本文評析本計畫是否能協助省思校務推動，引導建立自我改善的回饋機制，以協助學校找到校務經營優勢，裨益於凝聚學校同仁共識，落實學習共同體和教師專業評鑑的理念，藉以瞭解臺中市如何透過校務評鑑來強化整體教育品質提升的實際情形。

第七篇文章則是國立中正大學師資培育中心暨教育學研究所陳幸仁教授所撰「從特色學校發展探討教育品質的內涵」，論述多年來臺灣偏鄉學校在特色學校的推動下，不僅建立學校品牌特色、促進教師彰權益能，也讓學校和社區之間加強共生共榮，在學生的多元學習中彰顯出教育品質。第八篇為國語實驗國民小學高翠鴻老師所撰「教育品質中的跨界協同：協同資本的觀點」，本文以協同資本的觀點，探討不同立場的教育專業人員之間，如

何在不確定中化解衝突，將矛盾昇華至創新的動能，在跨界中建立更好的協同關係。最後一篇文章爲香港五育中學吳善揮老師所寫「香港融合教育的實施現況與品質提升的策略」，本文探討香港政府於各級學校實施「全校參與模式」的融合教育政策，讓身心障礙學生得以接受更高質素的教育，並提出提升融合教育品質的策略，以提供香港教育界作爲持續提升融合教育品質的參考。

綜上所述，本書九位撰稿者從不同面向探討教育品質議題。在理論方面，提出協同資本來論述教育品質中的跨界協同，以及從教師專業發展行動理論觀點，分析教師專業學習社群提升教學品質的關鍵要素；在政策方面，針對建立師資培育品質保證機制，十二年國民基本教育財務政策關注教育品質；在學校層面，則包括中小學校務評鑑強化整體教育品質的評估、特色學校發展探討教育品質，以及專任輔導老師的諮輔效能及兼代理教師的教學與行政服務品質；甚至在融合教育上關注如何保障身心障礙學生的受教品質。

最後，本書得以順利出版首先要感謝撰稿人及審查者的專業付出與用心，感謝臺灣教育評論學會李隆盛理事長及理監事的協助，以及本學會編輯團隊的努力，期待本書的出版對提升教育品質有所啓發和助益，也期盼讀者不斷給予支持與指教。

方德隆

2016年3月

目　次

第一章

建立師資培育品質保證機制之思考：由《師資培育白皮書》分析

楊思偉

南華大學幼兒教育學系講座教授

壹、前言

　　教育是教育政策之推動者，教師素質是奠定學生學習成就的最重要基礎，是教育革新成功與否的關鍵（教育部，2013），而師培政策會影響教師之素質，因此師資培育政策在臺灣始終受到高度的重視。臺灣師資培育政策之發展，若自日治時期計算，已歷經120年，也達到一定程度的制度成熟階段。惟近年來，因少子女化之壓力，以及教育落差拉大，城鄉教育成果差距擴大，每年補救教學經費編列約15億元，但成效有限，因此有關教師素質問題受到注意。目前師資培育走向「專業化」、「標準本位化」、「優質化」是相關政策文件不斷表述之話語，而「優質化」基本上就是「品質保證」（quality assurance）之意涵。但何謂「教師素質品質保證」呢？政府相關政策又如何進行管控呢？本文將先探討教師素質品質保證之定義，其次再以《師資培育白皮書》內容為主，針對有關師資品質保證機制之規劃做一分析與檢討。

貳、教師素質品質保證之意涵

　　教師的職業其實是非常複雜的，至少包含定式的（技術的）和非定式的（專門的）兩個層面，其具體內容包括如下表1所示：

表1　教師職業有關「素質」的兩個層面

層面	定式的（技術的）	非定式的（專門的）
外觀	項目化和套裝式的能力	外觀是大範疇之能力
具體例	「能完成某事項」之舉例	綜合應用能力的框架
狀態	可視的和具體的	多元和非固定的狀態
教師圖像	卓越的職業人	自主和自律的專門職業人
師培基臺	職業的（實用的）技術	學術的睿智和省察能力

資料來源：岩田康之（2015），頁35。

上述岩田康之（2015）將教師素質分成：定式的和非定式的兩種，定式的或技術性的素質，乃是可以規範和檢測的部分，因此通常會與國家權力之規範有關，亦即透過相關法律規定，或經由行政命令，給予相關約束，以保證可以培養優質的師資，例如：透過課綱或測驗等，以達到管控素質之目的。基於此，本文將先簡單分析師培制度發展脈絡，再分析最近公布的《師資培育白皮書》文件，探討其中有關師資品質保證機制之相關策略。

參、臺灣師資培育制度之脈絡與政策

一、發展脈絡

國民政府遷臺（1945至1949年）初期，雖然師範教育被賦予時代之任務，但因當時臺灣只有4所師範學校，因此為了統一師範學校學制，便沿用1932年公布《師範學校法》，及教育部修正《師範學校規程》，把臺灣師範學校原本屬專科程度，降為和大陸地區師範學校的高中程度，及招收初中畢業生進入，三年畢業後即分發派任。另外因日籍教師返國後的師資荒，擴增師範學校為此期要務。光復初期積極擴增後，截至1949年時，共有8所省立師範學校。光復初期特別重視教育文化的改革，期望消除日治時代殖民教育的餘毒，強化三民主義教育與民族意識教育。

1950至1960年代，因政治社會日趨穩定，人民在經濟穩定後，對子女教育關注愈趨重視，師範學校的班級、學生數與教師員額均有增加。1957年時，省立師範學校共有10所。

另外，小學師資培育，在1960年代逐漸提升為專科層級。首先由臺中師範學校於1960年率先升格為三專之師範專科，臺北師範慢一年，及臺南師範再慢一年改制。然後更因期望招收更多中學優秀學生進入師範學校，乃於1963年將三專改制為五年制專科校，果然因為公費

制度和教師工作之保障，吸引了最優秀之初中畢業生進入師資培育體系。

　　1979年《師範教育法》三讀通過，師資培育有了正式法源依據，確立了師範校院之培育地位。而隨著臺灣政經環境之變遷，1987年解除戒嚴，並受到政治民主化之影響下，一元化的師資培育制度受到質疑，將《師範教育法》於1994年改訂為《師資培育法》，改變了以師範校院為主之師資培育制度，開啓臺灣師資培育的多元化時期。

　　師資培育法歷經10多次之修訂後，2003年做了一次較大之修訂，將教育實習縮短為半年，並將其納入職前教育課程框架中，由培育大學負責該事務。經過半年實習，成績及格者，取得教師職前證書，並以此證書參加教師資格檢定。其後之教師檢定，必須參加教育部辦理之檢定考試（筆試），測驗四個科目（目前小學部分加考數學科目），通過考試者方能取得教師證書。

二、現行培育制度

　　歸納現行師資培育制度，可歸納敘述如下之重點：

1. 內涵─開放式、大學畢業以上、儲備制。
2. 學歷─學士、碩士與博士階段之學生皆可修讀。
3. 機構─師範／教育大學與普通校院皆可培育。
4. 證書─中學（不分初高中階段）、小學、幼教、特教，分途培育。
5. 學費─自費為主，公費為輔。
6. 課程─大學（碩士）課程＋教育學分課程。
7. 流程─修完學士課程＋教育學分→半年實習→通過檢定考試→教師證書→參加教師甄選→聘任。

三、管控機制之分析

依據上述制度流程，就品質管控角度來看，因為當時時空尚無品質管控之用語及概念，但是要培養優良之教師都是各該時代強調之重點。因此就制度本身而言，在公費時代，錄取率很低，本身即包含品質管控之意涵；至於在以自費培育為主時代，前期（2003年以前）乃以課程選讀之際篩選師培生為主要手段，另外進入職場之教甄愈見困難，也是素質管控之方式；後期（2003年以後）則除了上述方式外外，另以國家檢定考試為主作為管控之手段，這些管控策略，也有達到一定之成果，只是尚未見較完整與有系統之機制。

肆、有關師資品質保證機制之規劃

一、現行培育政策文件

教育政策經過長久之醞釀與籌劃，中央層級配合《教育部組織法》之修正，2012年教育部在立法院政治協商下，正式設立「師資培育及藝術教育司」，統籌規劃執行師資培育與藝術教育相關政策。但其前身之中等教育司於2010至2012年委請專家學者組成撰稿團隊，共同撰擬政策文件，於2013年1月公布了《師資培育白皮書》（楊思偉等，2015），做為我國未來黃金十年師資培育的重要政策藍圖。依該文件的政策藍圖，以「培育新時代良師以發展高品質教育」做為願景，提出了「師道、責任、精緻、永續」為核心價值，並以培育具「教育愛、專業力、執行力」的新時代良師之教師圖像，提出四大面向、九項發展策略、28項行動方案，以達到職前培育、導入輔導、在職進修與專業發展等的政策落實。

二、政策中之管控機制設計

　　就《師資培育白皮書》政策架構來看，特別強調專業主義與標準本位，乃是呼應世界各國強調品質保證之趨勢，爲建構未來十年的師資培育政策。其內容除了揭示師培願景、教師整體圖像、師培核心價值與目標、師資培育圖像等以外，主要規劃包含：師資職前培育、師資導入輔導、教師專業發展、師資培育支持體系等四大面向之政策，而每一面向下各有相對應之發展策略與行動方案，以下以四大面向爲主軸，敘述師資培育白皮書發展策略與行動方案之重點，並就其與師資品質保證有關之政策內容加以論述。

(一) 面向一：師資職前培育

　　在「師資職前培育」面向上，主要包含兩大發展策略：(1)強化選才育才以確保優質專業師資；(2)培育特定師資以因應國家社會需求；兩大策略之重點在於希冀激勵優秀的高中畢業生加入師資培育之行列，增加優秀師資來源，在課程上也重視師資生的品德教育、專業能力與批判思考能力，同時建議以保障就業的公費生制度，吸引優秀人才進來等。在此面向中規劃的行動方案，則包含有方案一至六，共六個具體行動方案，包含：(1)強化師資生遴選、輔導及獎勵方案；(2)精進師資培育課程方案；(3)落實師資生基本能力檢核方案；(4)擴大教師缺額與年年菁英公費生方案；(5)發展原住民族師資方案；(6)發展新移民與特定師資方案。其中有關(1)-(4)行動方案，都與爲達到控管優良師資品質有關，從入口之篩選，到培育課程提供更好的課程，以及出口強調檢測基本能力，進而是遴選優秀素質之學生進入培育行列，都是強調優秀師資品質之具體政策作爲。

(二) 面向二：師資導入輔導

在師資導入輔導面向上，主要包含兩大發展策略：(1)健全實習體制以落實師資培用作為；(2)協助初任與偏鄉教師以完善任職環境。此兩大策略之重點在於加強教育實習輔導，如：發展多元評量實習師資具體表現之內涵與工具，建立教育實習輔導教師與實習學校建構認證標準，此外在偏鄉教師的留任策略上，期望建立偏鄉教師的教學與生活協助機制，並給予合宜的偏鄉教師編制人數，充實教師人力。在此面向中配合的行動方案，共有方案七至十二，共六個具體行動方案，包含：(1)完備教師專業能力輔導方案；(2)精進教育實習輔導人員知能方案；(3)建立專業發展學校制度方案；(4)整合教師甄選機制方案；(5)建立初任教師輔導與評鑑方案；(6)穩定偏鄉優質師資方案。這面向之行動方案，都在建構更優質之實習流程、教師甄試以及初任教師之相關輔導措施，對於教師之導入階段提供更優質之保證機制。

(三) 面向三：教師專業發展

在師資在職進修面向上，主要包含兩大發展策略：(1)建立系統化與實踐本位教師在職進修；(2)激勵專業教師與推動教師評鑑制度。兩大策略之重點在於規劃並推動以教師專業標準為本位的教師在職進修方案，以符合教師不同生涯發展需求，並為教師專業發展建立一個長期性、系統性的激勵與督促的成長系統，此外透過教師評鑑制度之建立，以促使教師專業成長及增進學生學習成效。而在此面向中規劃的行動方案，則包含有方案十三至十八，共六個具體行動方案，包含：(1)建構系統化教師在職進修體系方案；(2)發展實踐本位教師學習方案；(3)建構教師支持與輔導方案；(4)規劃推動教師專業發展激勵方案；(5)規劃推動教師評鑑制度；(6)加強不適任教師輔導與處理方案。上述行動方案同樣對於在職教師提供更多生涯規劃、職涯發展之具體協助方

案，特別是有關處理不適任教師及推動教師評鑑制度，絕對與教師品質保證有相當關聯。

(四) 面向四：師資培育支持體系

最後在「師資培育支持體系」面向，規劃三大發展策略，包含：(1)統合組織與資訊以革新師資培育行政；(2)支持師資培育之大學以深化師培功能；(3)建構教育人員體系以精進學校教育品質。三大策略之重點在於規劃成立師資培育及藝術教育司統籌師資培育相關業務，並落實以證據與研究為本的師資培育政策，而在師資培育大學上以獎優汰劣的方式建立中堅穩定的、典範領導與傳承創新的師資培育大學等。在此面向規劃的行動方案，則包含有方案十九至二十八，共十個具體行動方案，包含：(1)制定教師專業標準與教育專業者證照方案；(2)發揚師道文化方案；(3)建立師資培育行政協作體系方案；(4)完備法令規章方案；(5)確保師資培育品質與擴增功能方案；(6)推動師資培育國際化方案；(7)強化地方輔導及教育實務研究方案；(8)教育行政與學校專業人員專業發展方案；(9)活化教師聘任制度方案；(10)大專教師教學專業發展協助方案。其中十八至二十二的五個行動方案，是提供師資品質保證之配套作為，將可促使師資素質更加優質。

三、小結

就上述之分析，可見在上述白皮書28項行動策略中，有21個和教師品質管控有關，這是相當有系統之政策規劃，正好呼應世界教育發展趨勢中，重視品質管控（quality assurance）之趨勢，也顯現這階段重視「品質本位」之政策目標。本文因受篇幅所限，以及因為政策推動時間尚短，所以尚無法對現行政策推動成效做進一步之分析，將留待日後再作分析。

伍、結語

　　師資素質是影響學生學習品質之關鍵力量，目前中小學教育品質之追求，已經是各國政府施政之重點項目，本文論述國內有關師資品質之政策項目，期望未來能真正落實，將可確保各級教育品質能有更多的掌握。

參考文獻

岩田康之（2015）。東アジアの大学における教員養成の質保証—論点と課題。載於東アジア教員養成国際共同研究プロジェクト編、「東アジア的教師」の今。東京：東京学芸大学出版社。

教育部（2013）。中華民國師資培育白皮書。臺北市：教育部。

楊思偉、陳木金、張德銳、黃嘉莉、林政逸、陳盛賢、葉川榮（2015）。師資培育白皮書解說——理念與策略。新北市：心理。

第二章

教師專業學習社群提升教學品質的關鍵要素分析：教師專業發展行動理論觀點

丘愛鈴

國立高雄師範大學教育學系教授

壹、前言

　　教師專業發展（teacher professional development, TPD）是當前教育改革的重心，其在學生學習成就與學校教育品質中扮演著不可輕忽的角色（孫志麟，2010）。《中華民國師資培育白皮書》提及教師專業發展乃是一生涯過程（career-long process），除了建立系統化與實踐本位教師在職進修之外，亦可透過先進國家實施有年的教師專業學習社群（teacher professional learning community）機制，讓教師們一方面有更多溝通、對話和分享的機會，另一方面能激勵資深優良教師，在自我更新和精進之餘，本於攜手相長、共同邁向專業的精神，發揮校內同儕輔導、支持的力量（教育部，2012，頁44）。其次，教育部在《十二年國民基本教育課程綱要》的「實施要點」中的「教師專業發展」項下敘明「教師應自發組成專業學習社群，共同探究與分享交流教學實務；積極參加校內外進修與研習，不斷與時俱進；充分利用社會資源，精進課程設計、教學策略與學習評量，進而提升學生學習成效。」（教育部，2014，頁34）再者，教育部（2014）為精進中小學教學品質，增進教師效能，所實施的「高中優質化輔助方案」第三期程特色課程領航，和教育部國民及學前教育署（2015）所研訂的「十二年國民基本教育精進國民中學及國民小學教學品質要點」，均採經費補助和專家諮詢輔導方式督導地方政府所屬中小學教師專業學習社群，運作領域教學研究會或學年會議，推動學校運用觀課、議課等方式，提升教與學之品質，顯見強調教師集體合作式學習與專業成長的教師專業學習社群已是當前教育政策的重點工作。綜上所述，本文先闡釋教師專業發展行動理論模式的內涵與特色，進而分析教師專業學習社群運作的六項關鍵要素，希冀提供中小學有效運作教師專業社群之參考。

貳、教師專業發展行動理論模式的內涵與特色

在終身學習的理念下，Murray（2014）從生態文化的系統觀提出教師專業發展行動的理論模式（參見圖1），以精進教師的課堂教學理論和實務，改善課堂教學的困境，最終目標在提升學生的學習成效和表現。

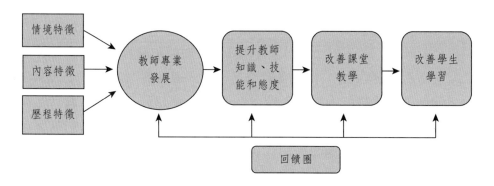

圖1 教師專業發展行動的理論模式

資料來源：修改自Murray, J. （2014）. *Designing and implementing effective professional learning.* p.12.

詳言之，教師專業發展行動理論模式的內涵說明如下：

一、有效能的教師專業學習，須關注以下三個主要的變項特徵：

1.情境（context）特徵：涉及教師專業學習的參與人員（who）、時間（when）、地點（where）和原因（why），也包括參與專業學習的教育工作者的人格特質、學校氛圍和任教班級的學生特質，以建構支持教師學習的氣氛。

2.內容（content）特徵：涉及學習什麼專業內容（what），以及教師共同學習所能獲得的專業新知識、技能和理解，以形塑專業學習活動的願景、價值與目標。

3.歷程（process）特徵：涉及選擇特定專業學習活動與策略時，如

何（how）進行專業學習，關注專業學習活動的類型，以及如何規劃、組織、實施和追蹤教師專業學習活動的成效。

二、學校教師不僅是被動吸收知識，而是要主動參與專業學習活動。教師在教學現場的實踐與學習，透過反省實踐與教師間的專業分享，能提升教師教學實務智慧。

三、教師專業發展行動，例如：透過教師專業學習社群共同備課、授課、觀課、議課和探究性的對話和討論，能更新教師的專業知識、技能和態度。本理論模式強調先有教師內在的轉化，才能產生教學實務的變革。

四、教師應用新知識、技能和態度以改善課堂教學，教學變革（instructional changes）的重要影響因素是，要有教師個人反思和集體反思（individual and collaborative reflection）的時間，以提高教師自我效能和集體效能。

五、教學變革改善學生的學習。在教師專業發展行動學習的系統觀中，回饋線顯示學生學習結果的改善情形，會影響教師是否持續實施該項教學變革；也會導致教師知識、技能和態度的改變，同時影響教師專業學習活動的發展。

綜合言之，教師專業發展行動理論模式的第一個特色是，從生態文化的系統觀點幫助校長、主任或教師專業學習社群召集人，宏觀理解要規劃有效能的教師專業學習社群以促進教師專業發展時，要考慮教師專業學習活動的情境、內容和歷程三個變項特徵；第二個特色是，教師專業發展的「回饋圈」概念，要根據學生學習結果的回饋資訊，調整和更新教師的專業知識、技能和態度，進而改善課堂教學並更新教師未來專業發展活動的內涵，形成滾動式修正的實踐行動專業成長模式。教師專業學習社群作為教師專業發展行動的途徑之一，其有效運作的六項關鍵因素也與上述理論模式和特色相互呼應和緊密關聯。

參、教師專業學習社群提升教學品質的關鍵要素分析

　　教師專業學習社群源於企業界對組織能學習的理解，學校改革借用過來的實施信念乃是「成人若能溝通教與學且能實行之，學生的學習與成就便得以改善」（黃政傑，2015）。「教師專業學習社群」是指一群志同道合的教育工作者所組成，持有共同的信念、願景或目標，為致力於促進學生獲得更佳的學習成效，而努力不懈地以合作方式共同進行探究和問題解決（張新仁、王瓊珠、馮莉雅、陳美丞、林淑華，2009）。教師專業學習社群的有效運作，能提高教師教學技巧與教師專業發展，進而提升學生的學習效能（Bunker, 2008）。

　　筆者先以教師專業發展行動理論模式之特色內涵和相關文獻，整併增修教育部發行之《中小學教師專業學習社群手冊》中提出教師專業學習社群的七項共同特徵：1.共同願景、價值觀與目標；2.協同合作：聚焦於學習；3.共同探究；4.分享實務；5.實踐檢驗：有行動力，從做中學；6.持續改進；7.檢視結果（張新仁等，2009），研訂出教師專業學習社群有效運作的六項緊密關聯的關鍵要素和項目內容（參見圖2）。教育部復於2014年12月11日召開焦點團體諮詢會議，感謝6位大學教授和3位中小學校長、主任、教師與會進行交流討論和修訂「中小學優良教師專業學習社群之評審指標、項目與權重」（參見附錄），以做為評審102學年度全國中小學教師專業學習社群之用（丘愛鈴、陳良傑，2015）。分析說明如下：

圖2　教師專業學習社群提升教學品質的關鍵要素

一、「共同願景、價值與目標」凝聚社群的方向感、價值感和使命感

　　教師專業發展行動理論模式中的情境特徵關注「學校存在的目的和教師存在的價值為何？」，學校要重視目標、價值和願景的發展過程，其中心信念是所有學生都能學習，專業學習社群應激發教師具備促進學生學習的共識和價值。教師必須合作去實現專業願景，同時要支持集體行動的價值系統或共同承諾（collective commitments），並且設定能呼應學校願景和價值且可達成的目標（attainable goals），安排階段性目標的明確工作優先順序（establishes priorities），擬定具體行動策略監測學生的學習進步情形，以修正和調整行動策略（DuFour, DuFour, Eaker, & Many, 2006; DuFour, DuFour, & Eaker, 2008; Hord, 1997）。

二、學校提供「結構條件與支持系統」是教師專業發展的動力來源

　　教師專業發展行動理論模式中的情境特徵也關注學校在形成專業學習社群時，提供專業學習社群在什麼時間、什麼地點、以什麼方式進行學習，以及富有創造性地開展工作。結構條件包括：安排固定的聚會和討論時間，安排易於交流討論的空間環境，暢通溝通管道或建立網絡社群，提供教師培力所需資源和設備等；支持系統包括：支持性和分享性領導（supportive and shared leadership）、分散式領導（distributed leadership）、關懷關係、信任和尊重、認同和慶祝、勇於冒險、努力改變等（孫志麟，2010；黃政傑，2015；Murray, 2014）。結構條件與支持系統也成為發展專業學習社群的動力來源，能激勵教師持續參與社群專業學習活動的意願和熱情。由於支持系統在書面評審作業中難以進行校際評比，因此附錄中此項關鍵要素只列出結構條件，各校可自行增列「支持系統」的規準內容，採質性描述進行自主性的循環修正。

三、形塑對話和討論的「協同合作的文化」關注學生學習的議題

　　教師專業發展行動理論模式中的歷程特徵，關注學校社群教師如何規劃社群活動以進行專業學習？只是提供時間和空間給社群，教師並不知道如何協同合作進行有意義的對話和討論（dialogue and discussion）。教師專業學習社群協同合作的目的是專注在學生學習的議題，共同關心的問題是：我們期望學生學會什麼？我們如何知道學生已經學會了？如果學生還沒有學會，我們該如何處理？社群教師需要學習協同合作技巧（collaboration skills），透過對話和討論，分享基本假設、知識、觀點、技能、感受或偏見，提出支持或反對的理由，進行有創意和有建設性的會談，再凝聚共識、分配任務或投票決定課程與教學行動方案（DuFour et. al., 2006; Murray, 2014）。

四、「共同探究」教與學的最佳實踐策略以提升教學效能

　　「共同探究」係指教師專業學習社群成員在探究歷程中建立共享的知識、解決問題的策略和幫助所有學生成功學習。例如：可以透過專業對話、經驗交流、分享資訊、楷模學習來擴展專業知能；經由一起讀書、觀看教學影片和討論，共同學習新的專業知識、技能與態度；可以共同備課和協同規劃課程、編製教材或設計教法，以符合學生不同的學習需求；也可以進行公開觀課與回饋，共同探究教學的「最佳實踐」，比較「實際現況」的落差，尋求教與學的新方法，並應用於日常教學實務。共同探究不僅能改善教學實務和學校結構條件，也會增進教師和行政人員、跨領域（科）或跨年級社群成員的同事情誼關係（collegial relationships），並能強化社群成員對改善教與學，以及學校問題的承諾（張新仁等，2009；Hord, 1997; Murray, 2014）。

五、「行動導向與承諾」從做中學結合行動、學習與研究

　　教師專業發展行動理論模式關注教師專業發展行動，社群教師在情境中學習（situated learning），對實務進行有意識的個人反思和集體反思，把社群中所學習的新知識、技能、態度，或所發展的課程、教材、教法、評量及解決方案等，付諸實踐應用在專業實務工作上，從做中學（leaning by doing）結合行動與學習，進行行動學習（action learning），或延伸為改善課堂教學問題的行動研究（action research），並且針對結果和影響結果的因素進行反省與修正（張新仁等，2009；Murray, 2014）。

六、「結果導向與持續改進」建立證據導向的評鑑機制和成長模式

　　教師專業發展行動理論模式關注改善課堂教學和學生學習的結果，

並有回饋機制進行動態的持續改進。教師專業學習社群的「結果導向」係指檢視社群的努力成效，必須關注學生的學習結果。需要蒐集和客觀分析相關的學習證據與資料，作為判斷教師專業學習社群的成效（張新仁等，2009）。「持續改進」係指：以計畫（planning）、執行（doing）、檢核（checking）與行動（acting）的持續循環歷程來改善結果。教師專業學習社群的成員在此循環改進歷程中的任務，包括蒐集學生目前學習表現的證據，發展學生的優勢潛能和處理學生遭遇學習困難時的系統性介入策略，分析不同介入策略有效與否，以及應用新知識於持續的改進循環中（DuFour et. al., 2006; DuFour et. al., 2008）。

肆、結語

在先進國家，教師專業學習社群是發展教師專業能量與促進學校改進的有效策略，同時也被視為轉化學校變革與提升教學品質的重要機制。有鑑於我國教育部自2009年起，即大力推動教師專業學習社群，本文以教師專業發展行動理論模式的內涵和二個特色——教師專業發展生態文化的系統觀和回饋圈的動態發展概念，重新詮釋和分析教師專業學習社群有效運作的六項緊密關聯之關鍵要素——共同願景、價值與目標；結構條件與支持系統；協同合作的文化；共同探究；行動導向與承諾；結果導向與持續改進的回饋循環修正歷程，期待教師專業學習社群創造協同合作和關注學生學習的學校文化，在教師生涯中攜手同行持續提升教學品質，成就每一位學生的最佳潛能發展，師生共同慶賀專業成長帶來的豐盛生命意義與價值感。

參考文獻

丘愛鈴、陳良傑（2015）。**教育部補助「中小學教師專業發展評鑑教師專業學習社群甄選暨講師培訓課程計畫」成果報告**。高雄市：國立高雄師範大學教育學系。

孫志麟（2010）。專業學習社群：促進教師專業發展的平臺。**學校行政，69，**138-158。

張新仁、王瓊珠、馮莉雅、陳美丞、林淑華（2009）。**中小學教師專業學習社群手冊（再版）**。臺北市：教育部。

教育部（2012）。**中華民國師資培育白皮書**。臺北市：作者。

教育部（2014）。**十二年國民基本教育課程綱要總綱**（2014年11月28日臺教授國部字第1030135678A號令）。臺北市：作者。

教育部（2014）。**高中優質化輔助方案**（2014年2月19日臺教授國部字第1030005639號函修正）。臺北市：作者。

教育部國民及學前教育署（2015）。**補助辦理十二年國民基本教育精進國民中學及國民小學教學品質要點**（2015年11月26日臺教國署國字第1040130432B號令）。臺北市：作者。

黃政傑（2015）。教師專業學習社群的特質與推動策略。取自http://teachernet.moe.edu.tw/BLOG/Article/ArticleDetail.aspx?proid=24&aid=109

Bunker, V. J. (2008). *Professional learning communities, teacher collaboration, and student achievement in an era of standards based reform.* Unpublished doctoral dissertation, Lewis and Clark College, Oregan.

DuFour, R., DuFour, R., Eaker, R., & Many, T. (2006). *Learning by doing: A handbook for professional learning communities at work.* Bloomington, IN: Solution Tree.

DuFour, R., DuFour, R., & Eaker, R. (2008). *Revisiting professional learning communities at work: New insights for improving schools.* Bloomington, IN: Solution Tree.

Hord, S. M. (1997). *Professional learning communities: Communities of continuous inquiry and improvement.* Austin, TX: Southwest Educational Development Lab. (ERIC Document Reproduction Service No. ED410659).

Murray, J. (2014). *Designing and implementing effective professional learning.* Thousand Oaks, California : Corwin.

附錄　中小學優良教師專業學習社群之評審指標、內容與權重

評審指標與項目說明	權重
一、共同願景、價值與目標（shared vision, values and goals）	10%
1-1社群成員對於學生學習或學校發展具有共同關切的焦點，並能發展出共同的目標	
1-2社群的目標能呼應學校願景或核心任務	
1-3成員對社群的發展有較長期程的規劃	
二、結構條件與支持系統（structural conditions and supportive system）	10%
2-1課務安排能提供社群成員共同合作的時間	
2-2提供社群學習與討論的空間與設施	
2-3提供經費支援以及相關圖書與網路資源	
三、協同合作的文化（a collaborative culture）	15%
3-1召集人熱忱投入時間與精力於社群發展	
3-2每位成員對於社群的活動都能積極參與、分擔責任	
3-3社群成員表現彼此尊重、互助合作的行動	
3-4社群成員透過專業對話與交流，進行群體學習	
四、共同探究（collective inquiry）	15%
4-1社群成員共同學習新的知識、技能與態度，或檢視本身既有的知能、信念與態度	
4-2社群成員協同規劃課程、編製教材或設計教法，以符合學生不同的學習需求，提升學習的成效	
4-3社群成員提出專業所遭遇到的疑難問題，或針對當前重要的教育議題，協同提出解決方案	
4-4社群成員有機會分享各自的專業經驗、構想或表現成果	
4-5社群成員有機會進行公開觀課與回饋，或共同檢視教學檔案	

評審指標與項目說明	權重
五、行動導向與承諾（action orientation and commitment）	25%
5-1社群成員把社群中所學習的知識、技能、態度，或所發展的課程、教材、教法、評量及解決方案等，應用在專業實務工作上	
5-2社群成員熱心探究專業實務或學校發展的議題，並積極持續嘗試將所學到的觀念或策略付諸行動	
5-3社群成員能持續評估社群組織的運作情況，並據以進行調整	
5-4社群成員能依據學生學習表現，調整課程、教學與評量，以深化學生學習內涵與提升學習成效	
六、結果導向與持續改進（results orientation and continuous improvement）	25%
6-1持續檢視學生學習動機和學習表現的改變情形，並據以調整社群探究精進的方向	
6-2持續檢視學校整體發展與改進的情形（或願景與核心任務達成的情形），並據以調整社群探究精進的方向	
6-3社群的參與及團體動力有效挑戰成員既有的信念、態度或習慣，為成員的專業發展與實踐帶動新契機	

第三章

兼代理教師對教育品質影響之初探：行政與教學的觀點

林顯明

國立中山大學政治學研究所博士生

曾任臺北市國（高）中公民與社會科代理教師

壹、前言

　　臺灣教育現場從大學、高中、國中到國小，因少子化以及博士和擁有教師資格的人數過多，產生流浪教師問題。因少子化所制定之相關人員晉用管制政策已逐漸顯現其負面影響，例如：部分縣市為了避免超額教師，進而改聘僱短期之兼代理教師，而這亦是當前中小學教學現場時常出現的狀況；使得近年來，中、小學端兼代理教師人數大量增加。蘇進棻（2012）指出在專職教師錄取人數大量減少的情形下，兼代理教師成為中、小學教學現場的主要人力資源之一。

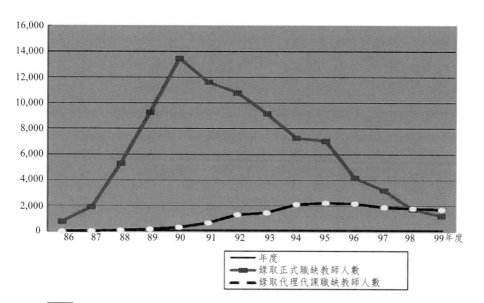

圖1　民國86至99年學年度正式教師與代理教師職缺人數消長趨勢圖

資料來源：蘇進棻（2012年6月）。歷年中小學正式教師與代理代課教師職缺消長趨勢分析。國家教育研究院電子報，41。取自http://epaper.naer.edu.tw/index.php?edm_no=41&content_no=1112&preview

　　根據上圖所示，正式教師錄取人數於民國90年達到最高峰，其後則一路下滑，到了民國98年該年度正式教師錄取人數首次低於代理教

師錄取人數，該年度一共錄取了1,711位正式的中、小學教師。另一方面，錄取了1,789位代理教師，成為我國教育史上第一次代理教師錄取人數高於正式教師錄取人數的紀錄。這樣的情形於民國99年更為明顯，該年度正式教師錄取人數為1,224位，代理教師錄取人數為1,706位，代理教師錄取人數較正式老師錄取人數多39.38%。若更仔細地檢視民國95-99年代理教師人數成長與變化趨勢，可發現中、小學校園現場中，代理教師已成為重要的教學與人力資源來源。民國95-99年五年間，臺灣中、小學代理教師人數成長幅度超過六成（60.42%）。而代理教師錄取人數大於正式教師錄取人數的情形，在可預期的未來幾年當中，發展趨勢應無太大變動的可能。

　　這些具有高度工作性質不穩定的兼代理教師，出現地理分布不均的情形。根據天下雜誌2013年報告指出，以101學年度為例，全臺國小兼代理教師比例最高的前10個縣市分別為：金門縣（20.9%）、連江縣（15.4%）、新竹縣（14%）、新北市（12.9%）、嘉義市（10.8%）、新竹市（10.5%）、宜蘭縣（8.2%）、桃園市（8%）、臺東縣（7.4%）、花蓮縣（7.2%）。若以國中為例，全臺兼代理教師比例最高的前10個縣市則是：新竹縣（21.2%）、南投縣（17.7%）、花蓮縣（17.1%）、金門縣（15.8%）、嘉義市（15.1%）、新北市（14.8%）、嘉義縣（13%）、宜蘭縣（12.2%）、雲林縣（11.7%）、桃園市（10.8%）。綜合起來看，國小與國中兼代理教師人數比例皆名列全國排名前10名的縣市包括：金門縣、新北市、嘉義市、宜蘭縣、桃園市與花蓮縣；換言之，從數據的簡要梳理可看出，上述六縣市正式教師不足之情形較為嚴重。對此，陳品傑、賴進貴（2014）的研究，運用2010年戶口普查及2010-2013年教育統計等相關資料，透過結合地理資訊系統（GIS），進一步探究代理教師，是否有地理上的差異。該文研究顯示，代理教師人數的分布，有著明顯的地理差異，北部地區高於南部地區、偏遠山區高於平地都會區；另外，學校規模與代理教師人數間有著負向影響，當學校規模愈大、其代理教師人數愈少、在國中階

段公立學校的代理教師大於私立學校。另外，代理教師人數也與其他社會經濟變數有著正相關，分別爲學生弱勢比例、人口結構老化比例、一地之交通功能等；換言之，若一地之弱勢學生比例愈高、人口結構老化情形愈嚴重或是交通功能愈低落的地區，其與代理教師人數呈現正相關。由上述可知，近年來兼代理教師不僅在人數上大幅成長，且地理分布狀況也有著明顯的差異。

對此，爲數龐大的兼代理教師，會對學校行政工作、實際教學乃至於教育品質產生甚麼樣的影響，爲本文所欲探究與回答的問題。研究者爲了回應本文之研究旨趣，因此採取半結構式訪談法（Semi-structured interview），透過滾雪球（snow-boiling）方式選擇受訪者，最後取得四位受訪者同意並完成訪問。質性研究訪談對象的選取爲立意取樣（purposive sampling），研究者針對訪談參與者的選擇過程中，並非以該名受訪者的代表性作爲最重要考量，而是以受訪者是否能切實的提供與主題相符以及最豐富的資訊作爲判斷依據；立意取樣的原則下，研究者以滾雪球的方式選取受訪者，而訪談內容是否充分則以樣本飽和度（sample saturation）作爲判准。樣本飽和意旨爲受訪者不再提供新的訪談內容及觀點時，即表示訪談內容已達樣本飽和，可停止訪談。另外，爲了避免研究者個人對於訪談內容過度詮釋；因此，研究者將訪談內容謄錄爲逐字稿後，送回受訪者進行確認（member check），並在分析過程中，謹慎地詮釋和說明受訪者的訪談內容，藉以達到還原受訪者原來所欲表達的意義。除此之外，本文分析完畢後，交付研究者之博士班同學進行同儕審查（peer review），以維持本文在論述與分析時之客觀性（Merrian, S. B., 2002）。

以下，列出受訪的四位受訪者相關經歷，藉此展現受訪者有能力回答本文之研究問題。

表1 本文受訪者與訪問相關資訊列表

編號	經歷	訪問時間與地點
A1（男）	曾任國小教師，其後服務於教育局擔任督學與課長之職務。取得教育學博士學位後，亦於各大學通識與師培中心開設課程，目前擔任國中校長。	2015年9月5日 高雄市明誠路星巴克 訪問時間約1.5小時
T1（女）	師範學校畢業後，便於國小服務。超過30年的教學經驗，並曾獲得校內教學卓越獎。	2015年9月13日 高雄市T1教師家中 訪問時間約1個小時
T2（女）	受訪者於2014年考取正式國小英語教師，亦曾擔任兼代理教師。	2015年9月19日 臺南市新天地百貨公司 訪談時間約1個小時
T3（男）	任職國中教師已有3年的時間，目前正在攻讀教育學博士學位。	2015年9月26日 桃園市中壢火車站 訪談時間約1.5小時

資料來源：研究者自行繪製

貳、研究問題與訪談內容分析

　　爲了進一步瞭解近幾年兼代理教師人數暴增的情形下，對於學校行政事務與教學可能產生的影響；因此，研究者分別針對上述4位受訪者進行面對面訪談，並以半結構式進行面訪，目的即是希望能夠讓受訪者有充分的時間與空間表達自己的看法。而本文的研究問題相對簡單，研究者希望受訪者分別以宏觀和個人微觀的觀點，針對兼代理教師對於學校行政、實際教學可能產生的影響進行回答；最後再追問，當前情形下對於實際教育品質與教育政策推動的省思與建議。研究者分別詢問受訪者有關人數愈來愈多的兼代理教師，對於學校在行政工作、師生關係、教學現場以及整體教育環境等問題；爲了讓受訪者能夠充分的表達其對於個別問題的意見和想法，過程中研究者儘量扮演傾聽的角色，並

從旁進行記錄。

一、對學校行政工作推動上的影響

(一) 兼代理教師投入學校行政工作之弔詭

　　A1：「代課教師擔任行政工作的情形因校而異，編制比較不足的學校，才比較會要求代理教師兼任行政工作。但是由於代理教師服務時間年限較短、也必須要準備後一年的教師甄試考試且大都對於行政工作的經驗不足；因此，總體而言代理教師擔任行政工作會呈現一種無心推動的情形。但代理教師對於學校教學工作的影響更甚於行政工作的推動。」

　　T1、T2：「我們國小端，好像比較少用代理老師兼任行政工作，因此造成的影響比較小；但國小端也因為代理教師較不常被要求協助行政工作，也造成兼代理老師對於學校事務參與意願較低。」

　　研究者認為，由於當前少子化及教育大環境之氛圍，使得當前政府以聘任兼代理教師作為因應少子化和教育環境改變之「權宜措施」。因此，本文並不想形塑「兼代理教師」原罪的印象，讓讀者認為就是因為兼代理教師人數過多，而使得學校在行政工作推動及教學工作受到影響。研究者所欲呈現的教育現場圖像為，由於當前教育環境與政策，使得大量兼代理教師進入學校現場；但由於兼代理教師多為一年一聘，相較於專任教師，其工作不穩定與不確定性大，使得兼代理教師在協助學校行政事務推動時，難免感到無心或無力。因為對於大多數的人而言，兼代理教師的工作經驗，僅是過渡到專任教師前的暫時性選擇。因此，要在這樣不確定性高的工作環境下，要求兼代理教師全心投入對於其未來職涯未必有幫助之行政工作，確實有強人所難之感。

　　準此，研究者所欲指出的是，在學校現場確實兼代理教師參與學校行政工作的意願普遍不高。但若因此認爲兼代理教師不願意或不全心投入學校行政工作，研究者認爲這樣的責任對於兼代理教師而言是言重了。研究者認爲，造成兼代理教師對於參與學校行政事務意願低落的原因，除了兼代理教師本身之意願外、更大的原因則是鑲嵌在整個教育大環境，以及少子化下大量聘用兼代理教師所形成的政策與實務弔詭，而兼代理教師則成爲當下教育政策與環境下某種程度的制度與政策犧牲者。

(二) 行政工作之負面經驗

　　T3：「我一開始還沒取得正式教師之前，我也有擔任過代理教師的經驗。當時國中主任就要求我協助行政，且都是學校老師挑剩的才丟給我，而且工作量相當大。那時我礙於之後還要考正職老師，所以我也就勉強接受，但是因爲自己也還需要準備教師甄試，然後又要忙協助行政的工作，眞的很痛苦、經驗很不好。」

　　由於代理教師並非專任教師，在校園內缺乏有力的話語權，因而被迫擔任不受歡迎的行政工作；在此情形下，一方面打擊了代理教師的工作熱誠、也使得代理教師對於行政工作產生厭惡感，影響代理教師日後出任正式教師時擔任行政工作的意願。

二、對學校教學工作的影響

(一) 有礙師生／親師關係的建立

　　A1：「代理教師對於學校教學工作的影響較大，以我們國中端來講，我們在安排教師教學與課程規劃上，會以三年一輪爲考量，希望

老師能夠帶著學生3年，降低因為一直更換老師，所對於學生產生的影響。可是代理教師可能只有半年或一年，可能會對於學生學習上無法連續的情形；若以校長從教學現場的觀察來看，學生其實很聰明，他們都知道這個代理或代課教師只是短時間的，會有一種不太理他們的心態，所以在教學效果上會打折扣。」

　　T1：「兼代理教師他們很孤單，學校既有對於兼代理老師的支持系統很弱；因為兼代理教師經驗比較不足，因此在班級經營以及與家長的互動關係上比較弱，跟專任老師還是有差。」

　　訪談的過程中，受訪者觀察到，由於當前中、小學現場，兼代理教師人事更動頻繁，使得學生在新學期開始，接觸到新的年輕或代理教師時，即會開始詢問老師的身分是否為代理教師、以及會在該校待多久時間等問題。若學生知道，該師是一名代理教師後，學生對於該師的尊重將會受到影響。換言之，由於兼代理教師身分上及任職時間等因素，使得學生對於教師的尊重降低，這也連帶影響到兼代理教師和學生間關係的建立。

(二) 兼代理教師邊緣化

　　T2：「在我們小校裡面，因為我們是包班教學，所以學校在實務安排上，都不會安排兼代理教師教授主要的科目。所以在國小的操作上，會把主科給導師上，副科才會給兼代理教師上。」

　　如上述分析，代理教師通常會被學校要求協助行政事務，使得代理教師蠟燭兩頭燒。一方面，無法與學生建立起一種可預期和穩定的師生關係；另一方面，又因為學校要求其協助學校行政事務的推動，使得代理教師工作量大大增加。

三、教育環境的影響

(一) 流浪教師問題惡化

　　A1：「以高雄市來講，保留8-12%的名額不聘正式老師，而改聘代理代課老師。這當然也造成教學品質的低落，也造成流浪教師的問題一直無法解決。這樣的氛圍，也會影響當前師資培育的推動，過多的流浪教師會降低學生選擇師培課程的誘因，而師資培育受影響，也就直接影響了你的教學品質。」

　　由上述訪談可知，由於當前少子化問題嚴重，使得各縣市政府在處理教育人員聘用上，採取管控的方式限制名額。受訪者A1即表示，以高雄市為例，保留了一定比例的教師員額不聘足額，而改聘代理教師，藉以因應少子化浪潮的衝擊。而保留一定比例不聘足的原因除了是因為改聘代理教師可使學校在教師人力與授課規劃上可進行彈性安排；另外，也可以減少若改以正式職缺聘任後，出現超額等其他聘任和教師人力安排上的困難或未來可能產生之超額問題。

(二) 城鄉教育資源不均

　　A1：「因此，對於教師職缺的管控上，可能需要有彈性，不能太嚴格，另外，偏鄉的部分由於誘因更低，因此我認為政府在偏鄉的部分，不應該再保留職缺了，應該要優先聘任正式老師，且必須明訂三年服務條款，以平衡偏鄉教育資源不均的問題。」

　　長期以來，城鄉就存在著教育資源分布不均的問題，而偏鄉地區常面臨到快開學依舊聘不到兼代理教師的窘境。相對於都市或一般鄉鎮地區而言，偏鄉地區常因誘因不足，使得偏鄉地區聘不到兼代理教師，進

一步影響教育品質。對此，受訪者認為，偏鄉地區應優先聘用專任教師以穩定師資來源，並且要訂下服務年限，避免因教師流動率高的問題而影響到教學與教育品質。換言之，受訪者認為，兼代理教師的政策應有都市和偏鄉之分別；對於都市地區的學校，其聘任兼代理教師的彈性與可能性較高，一般在覓尋兼代理教師工作經驗者，大都會從都市學校先做考量，並將偏鄉學校列為次優考量。對此，受訪者建議，由於偏鄉地區學校在教育資源先天上即處於劣勢，若又因為地理環境因素，致使其聘任不到好的師資，乃至於連兼代理教師的資格，在需求孔急的情形下而有所降低，實則是對偏鄉教育的二次打擊。因此，受訪者認為偏鄉地區不僅應該限制兼代理教師的聘用，教育當局更應該採取都市與偏鄉有別之師資聘用政策，在偏鄉地區應以聘用專任教師為主，並透過服務年資的規定，穩定偏鄉師資來源，縮短原本已經很大的城鄉教育差距。

參、建議

T1：「如同我們剛剛講的，現況上國小端對於兼代理教師支持系統確實比較薄弱，我們並未在開學前邀集兼代理教師與其執教班級的導師進行相關的座談與說明。我覺得這個很重要，在開學前先由導師向兼代理教師說明各班的情形、是否有特殊的狀況等；都是建立支持系統的方式，這部分我建議應該拉高到各縣市教育局乃至教育部來推動實行。」

T2：「我覺得真的是要給兼代理教師更多的支持，我認為有兩個部分可以進行。一個是專業社群與導師系統，應該要在開學前向各班所相應的兼代理教師說明班級的狀況、是否有特殊學生以及若有問題，哪裡可以獲取資源等，讓他們能夠瞭解，協助他們上軌道。」

　　T3：「我會覺得現在新進教師研習的內容比例應該有所調整，除了既有的科室業務介紹還有年度例行工作報告外，也應該要特別針對各年度兼代理教師的部分，進行講座與說明，協助這些兼代理教師能瞭解學校和融入同仁。」

　　綜合受訪者的訪談建議，可發現學校端對於兼代理教師支持系統的重要性。對此，筆者認為教育當局以及學校方面，應該將此支持系統分成未開學前及學期間兩大部分。由於訪問過程中，受訪者大都提及兼代理教師在正式上課前，除了參與學校開學前的行政會議外；一般而言，學校端並未建立起各科專業社群針對新進代理教師進行分科的講解與說明，使得兼代理教師並未能有效的於授課前即和校內對應的專業科目社群有良好的授課事前溝通，增加了開學後兼代理教師以及專業社群間的磨合時間。除了各自的科目專業社群應建立起對兼代理教師的支持系統外，也應讓兼代理教師在開學前能與其所任教的年級各班導師有更密切和深入的溝通，讓兼代理教師能在開學前即能有效的掌握任教各班的特殊性，使兼代理教師有更為充分的時間針對不同班級擬定教學計畫及師生關係的建立策略等。此外，兼代理教師是近年來臺灣面臨少子化，教育現場不確定性因素下的一種過渡時期；未來要如何維持乃至於提升國中小學之教育品質，在短時間無法有效大量聘用正職教師的情形下，給予兼代理教師更多的教學、行政等資源的協助及支持網絡的建立，將是刻不容緩的事情。

肆、綜合討論與結論

　　本文雖是針對四位受訪者所做的質性研究，整體的訪談內容與經驗，雖未能如量化研究般進行一般化的推廣。但從質性研究的角度而言，本文四位受訪者雖背景和經歷並不完全相同，但四位受訪者皆是擁

有豐富教學經驗之教學現場教師。尤有甚者，其中一位受訪者，除了有十餘年的國小教學經驗外，亦任職於教育局，目前為中學校長並擁有博士學位。研究者透過滾雪球的方式取得這四位受訪者，在立意取樣的標準下，研究者的目標即是要選取能夠提供本研究適切和豐富資訊的受訪者。本文雖為四位受訪者在其教學和行政經驗的所見所思，並未能進一步推論至全臺灣，但仍具有豐富的參考價值。由上訪談內容摘錄可見，在行政工作的推動上，兼代理教師問題對於國中端的影響較大。相對而言，接受訪談的兩位國小教師皆表示在其任教的學校內，並未要求代理教師協助行政工作；相反地，這樣的情形在國中端則比較常見，但由於代理教師的不穩定性，所以對於行政工作的推動上常有力不從心或無心的狀況，不利國中學校行政事務的推動。在教學方面，無論是在國小端或國中端，較無經驗的兼代理教師；教學經驗與手腕還是有差，而學生在知道老師僅是短時間的兼代理教師的情形下，也會展現出較為鬆散的態度，在在都會影響教學實際與學生學習狀況。

　　另外，本文認為因大量聘用兼代理教師所產生對於學校行政與教學之影響，不應將此原因咎責於鑲嵌在當前教育環境與政策制度下的兼代理教師。當前之環境與政策，確實會讓兼代理教師對於職業前景和穩定度產生影響；也由於工作不穩定，使兼代理教師無法與學生建立長期之師生關係。準此，在少子化大環境短期內無法有效改善的情況下，該如何普遍性地於各校建立兼代理教師之支持系統，成為一項重要的工作；另一方面，建構城鄉有別文聘用政策，日益迫切。應在鄉村與偏遠地區以聘用專任教師為優先，並透過薪資加給與其他誘因機制和服務年限之規定等，穩定鄉村與偏遠地區師資來源。綜上，透過兼代理教師普遍性支持系統的建立，並增加誘因於鄉村和偏遠地區優先聘用專任教師等方式，藉以在當前兼代理教師人數不斷增加的情況下，維持並增進總體教育品質。

參考文獻

李啓佑、洪梵軒、史書華、陳釗偉（2013年7月）。互動圖表／全臺「臨時工老師」
　　人數大揭密。天下雜誌。取自http://www.cw.com.tw/PicChannelPage/pic_article_
　　cw52701.jsp

陳品傑、賴進貴（2014年4月）。臺灣代理教師分布差異之空間分析與原因探討。發
　　表於中國地理學會2014年年會暨地理學術研討會，新北市，臺北大學。

蘇進棻（2012年6月）。歷年中小學正式教師與代理代課教師職缺消長趨勢分析。
　　國家教育研究院電子報，41。取自http://epaper.naer.edu.tw/index.php?edm_
　　no=41&content_no=1112&preview

Merrian, S. B. (2002). Qualitative Research in Practice: Examples for Discussion and Anal-
　　ysis. San Francisco, CA: Jossey-Bass.

第四章

鞏固教育品質穩定的力量：
初探專任輔導教師如何深耕
諮商效能

宋宥賢

國立中山大學教育研究所博士生

壹、前言

　　我國於民國100年1月12日立法院三讀通過修正《國民教育法》第10條，更動了專任輔導教師與專任輔導人員的員額編制，並明定國中與國小需增聘專輔教師：「國民小學二十四班以上者，置一人；國民中學每校置一人，二十一班以上者，增置一人，且此項增聘於民國一零一年八月始正式實施，為時五年內得全數增聘完畢」，此法成為國中小專輔教師正式設置依據。而民國103年立法院亦三讀通過《學生輔導法》，限時內將再全面建置國高中小專輔教師，估計將增加各級學校輔導教師約5,086人，此將大幅提振學校輔導功能。

　　而專輔教師之設置，彰顯我國教育當局對學校輔導工作的重視。而筆者綜析我國各縣市教育局所制訂的國中專輔教師工作職掌，以及學者王麗斐（2013）規劃之「WISER三級輔導工作模式」後，發現專輔教師之角色職責更強調「個案輔導」與「專業支援」的功能。教育當局透過大幅縮減專輔教師之課務，以讓其有更多心力時間投入輔導工作，以承攬偏差行為學生之衡鑑評估、危機處理、諮商與輔導、個案管理、諮詢、資源整合、轉介服務和追蹤輔導等業務。此外，教育當局亦盼專輔教師能運用專業能力促進全校親師生輔導知能提升，全面協助校園輔導工作推展（教育部，2013）。

　　而據教育部（2013）之校園輔導人力成效評估報告指出，確實增置國中小專輔教師後，主要於個別（團體）輔導、班級輔導、校園危機處理、心理測驗、諮詢服務、心理衛生與個案研討等專業規劃及適性（生涯）輔導等工作項目，皆顯著提升服務人次數。而由量化數據初步發現輔導人力提升確實可提供更多專業化協助。然量的提升未必能帶來專輔教師諮商成效的保證，且提升諮商成效，究竟能為學校與學生帶來何等益處？

　　對此議題，筆者認為專輔教師之角色職責主為「個案輔導」，而呼應專刊主題—教學品質，該如何鞏固一般教師之教育品質，對應亦為專

輔教師如何鞏固諮商成效。且諮商成效之確立，除可建構專輔教師於校園中的專業形象外，更重要的是，諮商成效之發揮，可適切協助處理校園危急個案、改善校園氛圍、分擔相關教師同仁之重責，如此皆讓教師同仁有更多心力致力教學與校務推動。綜此誠是促進班級與校園教育品質之提升，與友善教育環境之形塑。故專輔教師於提升教育品質之重要性，實不容小覷。

然如何提升專輔教師之專業素養，以穩固個案學生之受輔品質。筆者將透過過往與專輔教師定期專業社群討論與自我實務工作歷程之經驗、及相關文獻之統整，細究如何開展與促進專輔教師之諮商成效發揮。

貳、專輔教師諮商成效鞏固之實務策略

個案輔導，實為一具挑戰性之工作。除個案與諮商員之個人特性、彼此間的諮商關係與諮商歷程，乃至個案與諮商員所屬系統中的相關因素，皆可能影響諮商的成效品質開展（Leibert & Dunne-Bryant, 2015）。而就筆者實務現場觀察與相關研究呼應（如：謝曜任，2013），便會發現專輔教師於學校進行輔導工作，舉凡開案前的評估與概念化、以及與轉介者的合作模式共討等；接案歷程中的諮商關係鞏固、諮商歷程評估與調整、資源引介與整合、以及專業困境處理等；和結案或轉介歷程的專業評估、諮商關係結束處理、以及後續追蹤輔導等皆是常會碰到且需妥善處理之議題。故以下將以「個案輔導」為例，分開案前、接案中、結案或轉介等三個歷程，針對上述問題，細究實務策略如下：

一、開案前

(一) 多方蒐集資訊，審慎評估開案需求

　　專輔教師在經校內其他教師轉介個案學生後，主要期能針對個案的主訴問題先行向相關人員透徹瞭解（如：主動與相關人員表明接案評估之需求用意，並預約時間細部討論；或視個案主訴問題急迫性、引介相關資源共同評估處理之必要性等，而與相關人員開設個案會議討論），並依循主訴問題脈絡開展至相關個案背景資訊之蒐集，以利進行後續之個案概念化、開案目標與輔導策略確立，個案背景資訊如下：

　　1. 個案主訴問題（轉介主要原由、相關人員觀察主訴問題持續頻率與嚴重程度及影響面向、相關人員對於主訴問題肇因之看法、主訴問題之過往處理經驗與成效、目前接受相關資源之介入情形與聯繫方式、個案受輔意願等）。

　　2. 家庭背景（主要照顧者之職業與經濟狀況、居住環境、鄰里關係、家庭互動關係、家族病史、過往家庭重大危機、相關人員與家長互動情形、家庭福利補助狀況等）。

　　3. 人際關係狀況（個案至今之校內外人際狀況、相關人員觀察其之人際相處印象、重大人際衝突事件、個案自覺人際相處樣態、人際關係對個案造成之影響等）。

　　4. 學習狀況（個案至今課業及學習表現、學習動機、學習障礙問題、個案及相關人員對其學習狀況之看法、相關學習資源服務等）。

　　5. 個案特質（個案自我特質與價值觀、過往與主訴問題相關之病史、相關人員與個案自我觀察之自身亮點與待改進之處、喜好及興趣、個案特殊行為等）。

　　6. 相關資源評估（專輔教師需與個案現今接受之相關資源聯繫，瞭解相關人員之觀點，以利後續做開案評估與專業分工）。

　　7. 其他（如：個案在校行為表現、獎懲紀錄、參與各項社團比賽

與校隊經驗等）。

再者，亦需瞭解轉介者（通常為導師）之轉介目標與需求。然專輔教師亦得評估自我專業角色職責及專業能力所及而做專業上之判斷，非為顧及同仁關係而將轉介者需求照單全收。如此較有利專業效能開展，並兼顧自身與個案之權益。

(二) 形塑初步個案概念化與輔導策略，共討合作模式

專輔教師經相關資訊掌握後，亦得運用諮商理論脈絡進行初步個案概念化（分析個案主訴問題之成因、影響歷程、及影響面向），以形成初步輔導策略。此外，專輔教師亦需省思於接案歷程中與相關人員之責任分工為何。綜合上述資料撰成開案報告後，回覆予轉介者，並逐一細部與轉介者說明報告內容，以協助轉介者對於個案狀況有更細部之理解。接續，專輔教師亦需向轉介者說明開案與否及原由，並共討諮商目標、接案時間安排，以及後續合作模式（如：與轉介者之分工合作方式、分工內涵，並擬訂每週討論與檢核時間）。而重要的是相關諮商場構與限制（如：保密及保密例外、諮商架構與形式等）亦得讓轉介者有所明瞭，以兼顧諮商倫理。且專輔教師也需針對轉介者不清楚之部分加以理解澄清，並適時與轉介者建立良善關係，以利後續諮商歷程進行。而針對上述歷程之討論內涵，亦建議專輔教師可適時記錄，甚至對於彼此共擬之合作方式內涵、及轉介目標等更需完整記錄，以利後續評估檢核之用。

二、接案中

(一) 鞏固諮商關係，善用多元媒材

專輔教師於開案後，除初次晤談時必要的諮商場構外，亦須注重共

同諮商目標的確立，如此可促進彼此諮商歷程的推進與創建彼此之合作關係，然如何於轉介者目標及個案諮商目標間拿捏得宜，亦是專輔教師得仔細思索的，筆者亦建議可視個案狀況，協助其瞭解轉介者之目標與關心，並嘗試與個案諮商目標產生連結，協助其看看可以做些什麼以兼顧雙方目標，並瞭解雙方目標對其解決主訴問題之協助。然專輔教師於此歷程中需注意：個案期望達成之諮商目標仍是諮商之核心，勿因過度在乎轉介者之目標而影響個案權益。此外，專輔教師亦得注重接案歷程中諮商關係的建立，因諮商關係的品質攸關諮商成效的開展（許雅惠，2013），而專輔教師的態度與個人特質（如：個人中心學派強調之真誠一致、無條件積極尊重、正確同理心等、以及Ackerman與Hilsenroth（2003）研究發現的正向特質，如：有彈性、值得信賴、尊重、信心、溫暖、敞開、對人有興趣等）、以及諮商技術的純熟，皆有助於諮商關係的建立，並能更深入問題核心，以利諮商歷程推進（許雅惠，2013）。綜此，專輔教師便需敏覺諮商關係的建立品質，若專輔教師發現彼此諮商關係建立不夠穩健時，亦可適時透過「立即性」技術揭露彼此關係建構不足之事實，共討影響彼此關係建立之阻礙；甚至也可透過「歷程評論」方式，引領個案對於彼此在諮商歷程中的互動進行分析，以共同找出影響彼此關係建立之因素，並加以瞭解澄清。有時，筆者之實務經驗便發現，於討論彼此關係之歷程中，可進一步發現阻礙彼此關係建立背後之更深層議題（如：移情、反移情作用等），而更促進諮商歷程進展。

再者，個案的抗拒亦是專輔教師常面臨的議題：校園學生個案多為非自願個案，如何催化其轉為自願個案，使其願意看見自我問題所在，對此，筆者認為專輔教師不妨先放下轉介者的期望，真心地瞭解個案，與其討論其有興趣的議題，讓其瞭解專輔教師之角色並非來規範個案。當關係建立才有可能觸及主訴問題。而敏銳的專輔教師亦會發現即便與個案討論和主訴問題相關性較低之問題，仍是可從中發現個案思考脈絡。另外，對於中、小學個案，適時善用多元表達性媒材（如：

遊戲、桌遊、音樂、藝術創作、肢體表達、體驗活動、或媒材卡片，如：情緒卡、改變卡、Oh卡、哇卡等），透過投射機制促進其表達自我、情緒抒發、探究內在，甚至建構問題解決策略之方法。此亦增進個案接受諮商之意願，以利諮商成效之鞏固。

(二) 時時反思評估，適時調整輔導策略及善引資源分工合作

　　專輔教師於接案歷程，需適時反思個案狀態，調整對於其之概念化與輔導策略的擬定，並運用自身熟悉的諮商理論脈絡進行後續處遇介入，而這些反思調整亦需適時記錄，並成為定時與轉介者共同討論檢核之立基。另也需注意到個案的問題無法脫離系統脈絡看待，如同Bronfenbrenner的生態系統論，其便強調兒童與青少年之成長發展歷程，為一個體自身與環境互動之歷程，而兒童與青少年身處之系統（如：家庭、社區、學校、友伴、社會媒體、文化環境、及這些系統間的相互聯繫與互動關係等）皆是直接或間接形塑其問題的成因。而專輔教師亦得適時評估此些系統對個案造成的影響性，並適切針對個案需求引進相關資源（如：校內教師資源、校外各縣市學輔中心資源、社會局資源、社工資源、警政資源、學習資源等）。為此，專輔教師亦需扮演資源統籌者及諮詢者的角色，藉由資源網絡聯繫會議及定期聯繫聚會以共同分工及評估資源介入成效，並給予相關資源或系統（如：家長）需要之協助，以利確實協助個案及拓展諮商成效。

(三) 定期與轉介者討論接案狀況，以利彼此掌握訊息

　　專輔教師須注重與轉介者間的定期討論聯繫，此除可穩固彼此合作關係外，更重要的是需達成下列目標：

　　1. 從中統整個案相關資訊以瞭解其近況，並適時調整對於個案的概念化與處遇策略之擬定，甚至責任分工再分配。

2. 共同評估現今諮商成效，並針對成效不及之處檢核原因，適時澄清彼此期待與共同擬定諮商處遇。

3. 為促進個案轉變效果延續，專輔教師對於個案施予之相關行為改變策略亦需轉介者（導師）相互配合施行，故彼此關係建立亦屬重要。且專輔教師需定期評鑑轉介者在配合施行相關行為改變策略之狀況，以及可能產生的輔導困境，並從中給予專業支持協助與討論，以利困境解決，以延續諮商成效。

然專輔教師在與相關人員聯繫時，亦會牽涉到個案資訊的透露。為顧及諮商倫理與個案權益，專輔教師亦需於初次晤談場構時與個案先行討論。且通常專輔教師需先評估透露資訊之可能影響，並考慮在透露非保密例外之相關訊息前，先行詢問個案能透露的內容多寡、說法等，如此較可避免相關影響出現，亦可促進彼此之諮商關係鞏固。

(四) 面對專業困境，適時尋求督導、專業社群協助，及持續精進專業能力

專輔教師需承接個案層級多為二、三級，而接案歷程中，除個案本身問題外，尚有許多影響諮商成效展現之因素，如：需符合多方期待、相關人員基本輔導知能不足影響諮商推展、個案相關系統（如：家庭、社區、學校等）需有所介入，而非僅處理個案問題等，此些皆在在考驗專輔教師之專業能力展現。倘若持久未有相關資源予以協助支持，專輔教師亦可能累積工作壓力，影響工作滿意度（Kolodinsky, Draves, Schroder, Lindsey, & Zlatev, 2009），甚至可能產生專業耗竭（burnout）（Bülent, 2012）、離職意願提升、以及專業承諾降低（劉福鎔、林清文，2008）等情形，此亦影響個案權益與諮商成效。故為提升輔導人員諮商成效，專業技術知能之精進亦需重視（許雅惠，2013）。為此，專輔教師需定期接受專業資源協助：如縣市政府之團體督導、個別或同儕督導、或是與鄰近學校專輔教師成立專業社群，共

同分享與集思廣益一同解決問題，以利輔導困境紓解。此外，專業進修
（如：在職進修、工作坊、研習等）亦為培育能力之方法，而現今也有
許多專業學會與社團（如：臺灣諮商心理學會、臺灣輔導與諮商學會
等）提供多元機會以強化專業知能素養，促進諮商果效展現。再者，
專輔教師也需有適切紓壓休閒管道，以利適時排除壓力，調整身心狀
態，如此亦兼顧自我與個案福祉。

三、結案或轉介

(一) 審慎專業評估，注重結案或轉介後之追蹤

1. 結案

隨諮商歷程進展，個案原有主訴問題亦可能有所改善，而此時專輔
教師亦需進行專業評估，確認是否可進行結案（判斷依準如：評估個案
主訴問題改善程度與情形、主訴問題改善後之影響、個案原有生活功能
恢復狀況、與個案共同評估諮商目標達成程度、與轉介者及相關資源共
同評估諮商目標達成程度等）。而結案時亦要與個案做好諮商關係之結
束處理，敏覺結案時促發之移情與反移情議題（Pope & Keith-Spiegel,
2008）、教導個案如何持續鞏固改變策略等。而許雅惠（2013）的研
究亦指出促進個案建立支持網絡以適時提供協助，係有助諮商成效之延
續。此外，專輔教師在經與轉介者討論後確認結案，便需撰寫結案報告
（內容包含：個案概念化評估、簡述諮商歷程與策略介入、諮商成效與
結案評估依據、後續建議等）與轉介者進行討論，甚至視情況也須將個
案結案注意事項予個案相關人員，如：家長、相關資源端瞭解，並適時
追蹤個案狀況及提供專業諮詢，如此較能鞏固專業品質。

2. 轉介

隨諮商歷程進展，個案有些複雜問題已超出專輔教師之專業負荷，
故需轉介至相關單位進行更深度處遇。然為穩固諮商成效，專輔教師

亦需審慎進行轉介評估（如評估個案需求、個案主訴議題的嚴重性與急迫性、現今與個案諮商之成效與困境、適配之轉介資源與預期效益等），並視情況將相關評估型塑爲紙本資料以適切與個案及相關人員討論，澄清彼此期待與擔心，以鞏固個案權益。再者，專輔教師在進行轉介時除適切呈現相關資料外，亦需清楚與轉介單位討論個案狀況、確認目標、後續合作模式等，並適時追蹤個案轉介後狀況，如此才可確保諮商成效之穩定，且眞實協助個案。

參、結語

綜上實務反思策略，實爲奠定專輔教師諮商品質基礎，從此發揮諮商效果。然爲精實專輔教師的諮商專業知能與促進其在校之諮商輔導工作推展，筆者認爲除專輔教師自身之努力外，更需相關單位之關心與資源挹注：

一、學校端

適時評估成效與需求，共構專業團隊與資源合作：學校單位主管應與專輔教師共構其角色定位並確立職責分配，且適時瞭解專輔教師在校工作概況及其專業困境與需求，以透過處室會議共同協商對策，或運用同儕督導，甚至外聘專業督導等方式解決之，如此較可予專輔教師專業與行政上之支持，以利其專業成效開展。此外，爲因應校園輔導工作之複雜與挑戰，以及各類型學生個案之脈絡獨特性，學校端亦可視需要，與專輔教師及校園輔導團隊共同商討，以向教育主管機關、學生輔導諮商中心申請及引介相關專業資源挹注；甚至學校端亦可主動強化與鄰里社區之相關學校與民間資源合作與整合，且適時透過資源網絡聯繫會議共同商討合作分工，如此以協助學生問題有效解決，並提供專輔教師專業支援。

二、師培機構端

評估校園輔導實務所需，強化實務與專業學理接軌：培育專輔教師之現行大專院校相關培育系所應重視其之專業知能養成，舉凡相關心理學基礎、兒童與青少年心理衡鑑、個別與團體諮商、生涯諮商、諮商倫理、諮商與諮詢實務、甚至諮商理論與技術等專業課程皆需重視。此外，為促進專輔教師能瞭解學校輔導工作內涵並適應校園文化，專輔教師相關角色定位功能除需先行予專輔教師有所熟悉外，亦需規劃學校輔導工作策劃、資源統籌連結、與學校輔導實習等實務課程，以培育具備專業素養與實務基礎之專輔教師。

三、教育主管機關端

適時瞭解校園輔導推行概況，投注資源精進教師輔導知能：除持續辦理輔導專業知能研習及團體督導外，教育主管機關更宜適時瞭解專輔教師之專業成效展現狀況，並由專輔教師之觀點出發，瞭解其實務之專業需求與困境，如此才可作為規劃相關專業知能研習內涵與調整團體督導模式之依據。此外，因專輔教師仍屬校園中之新角色，為協助其專業知能展現，其在校之角色定位與職責規劃仍需教育主管機關妥善瞭解並協調釐清外，教育主管機關更需適時舉辦宣導研習協助學校其他教師瞭解專輔教師之角色定位。另因學校輔導工作為一整體之系統性工作，除專輔教師之專業知能具備外，學校教師的整體輔導知能精進亦屬必要，綜此較能有效精進專輔教師之專業成效發揮，共構友善校園環境，亦穩固學校之教育品質。

綜上，為筆者與專輔教師專業社群之實務反思，然本文為初探性評論，未來相關研究可更聚焦探究教育品質與專輔教師諮商品質及成效間的關係。而如何讓專輔教師適切發揮角色職責、深化專業輔導成效，並共同輔助校園塑造良善校園環境，實需未來相關單位更加重視。

參考文獻

教育部（2013）。**教育部補助各直轄市、縣（市）政府辦理輔導人力成效評估**。臺北市：教育部。

許雅惠（2013）。大專校院輔導教師評量個別諮商成效之研究。**興國學報**，15，51-62。

劉福鎔、林清文（2008）。高中職輔導教師專業承諾影響因素模式驗證之研究。**諮商與輔導學報**，30(1)，17-40。

謝曜任（2013）。從WISER模式談專任輔教師的角色與功能。**輔導季刊**，49(3)，13-18。

Ackerman, S. J., & Hilsenroth, M. J. (2003). A review of therapist characteristics and techniques positively impacting the therapeutic alliance. *Clinical Psychology Review, 23*, 1-33.

Gündüz, Bülent. (2012). Self-efficacy and burnout in professional school counselors. *Educational Sciences: Theory & Practice, 12*(3), 1761-1767.

Kolodinsky, P., Draves, P., Schroder, V., Lindsey, C., & Zlatev, M. (2009). Reported levels of satisfaction and frustration by Arizona school counselors: A desire for greater connections with students in a data-driven era. *Professional School Counseling, 12*(3), 193-199.

Pope, K. S., & Keith-Spiegel, P. (2008). A practical approach to boundaries in psychotherapy: Making decisions, bypassing blunders, and mending fences. *Journal of Clinical Psychology, 64*(5), 638-652.

Todd W. Leibert and Alexandra Dunne-Bryant. (2015). Do Common Factors Account for Counseling Outcome?. *Journal of Counseling & Development, 93*, 225-235.

第五章

十二年國民基本教育財務之政策弔詭

陳麗珠
國立高雄師範大學教育學系教授

　　弔詭（paradox），指的是一種違背邏輯的「不可能」情況，在弔詭狀態下，某一物可能同時是兩種不同的東西，或是兩個互相矛盾的論述又可能同時都是正確的（Stone, 2002）。弔詭充斥於現代政治生活中，尤其是公共政策。例如：投票結果的贏家同時也是輸家，利益團體可能同時是敵人也是盟友，某一政策的短期受惠者可能在一段時間後反而是受害者，或是一項社會福利政策不同的論述可以讓民眾贊成或反對等，這些都是無法以邏輯理性判斷的常見例子，可以說，弔詭是民主社會中無可奈何的常態。弔詭可以作為解釋公共政策形成的「因」，也可以是政策執行造成的「果」。

　　最近發生的例子就是我國於2014年8月1日起全面實施的十二年國民基本教育。依據《高級中等教育法》之規定，十二年國民基本教育由前九年國民中小學與後三年高級中等學校組成，前九年國中小實施強迫入學，並免收學費。高級中等學校學生不強迫入學，且可以依其性向、興趣及能力在公立與私立學校、普通與職業教育之間自願選擇入學。符合「一定條件」（家庭年所得門檻）的學生，可以免收學費。

　　高級中等教育為我國學制第一個分化關鍵，勢必不能比照前九年國民中小學的統一課程與教學，而必須面對學校與課程內容的多樣性，此種多元分化的型態（公／私、高中／高職）不僅牽動學生入學方式，也帶來補助學費金額與條件差異的爭議。同時，高級中等教育階段的學生教育成本比國民中小學高，除了政府補助學生學費之外，亦必須向學生收取其他費用，教育部乃修正《高級中等學校向學生收取費用辦法》與《高級中等學校向學生收取費用辦法補充規定》以規範學校向學生收費的項目與注意事項。高級中等學校向學生收費項目包括：雜費、代收代付費與代辦費等三大類，各類之下又有多種項目，形成政府補助學費與學生自費負擔的雙軌制度。

　　十二年國民基本教育實施以來，雙軌制的財務制度問題已經逐漸浮現，有關學費與學生收費相關政策議題隨之而起。各個議題之間互相衝突與矛盾，逐漸形成多種弔詭的現象，以下逐一分析之。

壹、國民教育框架之下的高級中等教育改革

　　我國102年7月10日制訂公布《高級中等教育法》，並於103學年度開始全面實施十二年國民基本教育。依據《高級中等教育法》第2條之規定：「九年國民教育及高級中等教育，合為十二年國民基本教育。九年國民教育，依國民教育法規定，採免試、免學費及強迫入學；高級中等教育，依本法規定，採免試入學為主，由學生依其性向、興趣及能力自願入學，並依一定條件採免學費方式辦理。」可見十二年國民基本教育的前九年與後三年的屬性並不相同，前者（九年國民教育）為免試、強迫入學的免費教育，後者（高級中等教育）為非強迫的自願入學，僅有符合條件的學生才能享有免學費的補助，並非全面免費。

　　當《高級中等教育法》以「十二年國民基本教育」的概念框架將國小、國中、和高級中等教育階段全部納入「國民基本教育」時，面臨的最大問題在於高級中等學校和國民中小學的辦學型態有很大的差異，其中最大的差別在於高級中等教育階段的私立學校幾乎和公立學校並駕齊驅，分庭抗禮。私立學校財務獨立且學生收費和公立學校標準差異很大。

一、多元學校型態與學制

　　2014年開始實施的十二年國民基本教育，在高級中等教育階段包括多種型態的學校制度。首先，公立的高級中等學校除了國立（教育部國民與學前教育署為主管機關）之外，還有俗稱「六都」的直轄市立學校以及縣市立的完全中學高中部，但其中桃園市、臺中市、臺南市、及原高雄縣的高級中等學校仍為國教署管轄。直轄市立學校在由於主管機關的不同，連帶造成學校財務與運作的差異。

　　2014學年度503所高級中等學校中，有292所公立學校，占總校數近六成，私立學校211所，占總校數四成強，班級數之公、私立比率與

校數比率相近。然而，私立學校數雖然較公立學校少，學生數占總學生人數之比率卻略高於校數比率，由此可見部分私立學校規模較大，班級規模（每班學生人數）亦比公校大（表1）。

表1　公、私立高級中等學校概況（2014學年度）

項目	總計	公立 （國／直轄市／縣市）	私立
校數（校）	503(100)	292(58.05)	211(41.95)
班級數（班）	21,785(100)	12,418(57.00)	9,367(43.00)
學生數（人）	818,869(100)	439,735(53.70)	379,134(46.30)

說明：表中括弧內為百分比。

資料來源：教育部（2015a）。

依據《高級中等教育法》第5條之規定，高級中等學校分為：普通型、技術型、綜合型、與單科型。高級中等學校班級依其課程內容，又分成：普通科、專業類科、綜合高中學程、實用技能學程、綜合職能科、體育班、建教合作班、進修部（日、夜間）等，目前大部分高級中等學校都設立一種以上的學制。因此，不能僅用校名去判定學校屬於普通科或專業類科，要透過各校學制歸屬去計算學生人數。2014學年度各種學制學生數分布中，仍以專業群（職業）科最多，約占學生總數的四成二，其中二成五為私校學生，公校職科生僅一成六；其次為普通科，占全體學生總數的三成八，其中公立學校占二成八，私立學校僅約一成。此外，綜合高中（包括：學術學程與多種職業學程）僅占7.95%，實用技能學程占4.61%，進修部普通科占0.34%，進修部專業群科占6.86%（表2）。

表2 公、私立高級中等學校各種學制學生人數（2014學年度）

單位：人／％

學制	總計（100.00）	公立 （含國／直轄市／縣市立）	私立
各學制	818,869(100)	439,735(53.70)	379,134(46.30)
普通科	311,170(38.00)	232,127(28.35)	79,043(9.65)
專業群科	345,937(42.25)	133,855(16.35)	212,082(25.90)
綜合高中	65,086(7.95)	39,295(4.80)	25,791(3.15)
實用技能學程	37,743(4.61)	12,118(1.48)	25,625(3.13)
進修部普通科	2,745(0.34)	1,966(0.24)	779(0.10)
進修部專業群科	56,188(6.86)	20,374(2.49)	35,814(4.37)

說明：表中括弧內為百分比。
資料來源：教育部（2015a）。

二、十二年國民基本教育免學費與學生收費並行

2013 年7月10日立法院通過《高級中等教育法》後，始確立高級中等教育成為十二年國民基本教育，從此正式邁入新的發展階段。在2014年8月1日以後入學的高級中等學校學生，必須面對公立與私立學校、普通與職業教育的選擇，依其性向、興趣及能力自願入學，並且「依一定條件」採免學費方式辦理。從此以後，在高級中等教育階段實施國民教育，一方面要面對本階段學校與課程內容的多樣性，一方面則是「免學費」與學生收費並行的複雜性。此種多元分化的型態（公／私、高中／高職）不僅牽動學生入學方式，也帶來教育資源分配的爭議。

在學生收費方面，高級中等學校依據「教育部主管國立及私立高級中等學校學雜費及代收代付費收費標準」，2013、2014學年度公立高級中學學生學費為6,240元，雜費為1,740元，私立高級中學學生學

費在12,170元至22,800元之間，雜費爲4,510元。另一方面，公立高級職業學校學費爲5,400元，雜費則在1,330至1,495元之間；私立職業學校學費在13,220元至22,530元之間（藝術類科在25,730元至33,650元之間），雜費則在3,210元至3,365元之間。比較公、私立學校學生收費，公、私立高中學生學費差距最多可以高達3.65倍，雜費則爲2.59倍，公、私立高職學生學費差距爲4.17倍，最多可以高達6.21倍，雜費則約爲2.5倍。

貳、十二年國民基本教育之財務規劃

十二年國民基本教育之實施，一方面希冀延伸九年國民教育之義務、普及、免費的特質，另一方面又必須接受高級中等教育長久以來公／私立、高中／職並行的現狀。爲了爭取最多政策利害關係人（policy stakeholders）的支持，政府乃採用誘導（inducement）的政策工具（policy tool），全面對公、私立學校學生補助，再併同多項特定補助學校計畫，以大量的經費全面推動此一跨時代的教育改革，財務規劃與經營遂成爲決定十二年國民基本教育能否永續發展的關鍵。

一、提高全國教育經費保障額度，優先用於推動十二年國教

我國於2001年開始實施《教育經費編列與管理法》，實施之後的十餘年間，由於國家財政緊縮，導致政府歲入爲保障計算基準的全國教育經費保障下限總額，不足以支應各級學校與教育機構之需求，導致各年度編列教育經費預算都超過法令保障額度許多，使保障機制形同具文（陳麗珠，2014）。2011年12月28日爲因應多年度的教育經費實編數都遠高於本法第3條所規定的下限，立法院乃修法將原來《教育經費編列與管理法》第3條對全國教育經費總額的保障下限（前三年度決算歲入淨額平均值之21.5%）提高一個百分點，成爲22.5%；但同時亦特別

加註：中華民國2012年1月1日修正施行之前項規定所增加之教育經費預算，應優先用於推動十二年國民基本教育，此部分增加的經費遂成為推動十二年國民基本教育優先使用之經費。

　　2013年起推動十二年國民基本教育經費使用情形，請見表3。從2013年起，每年度依據《教育經費編列與管理法》第3條保障的預算額度除第一年外，第二年（2014年，即實施十二年國民基本教育的第一年）起，每年都在300億元以上。就以2014年而言，當年度的法定預算為330億元，其中高中職免學費、產業特殊需求類科免學費約152億元，占法定預算之46.06%。再者，又將五歲幼兒免學費計入為「配套措施」之一，每年度預算為42.77億元，另有實用技能學程及建教合作班免學費24.07%。若將對學生學費直接補助的項目（高中職免學費、產業特殊需求類科免學費、五歲幼兒免學費、實用技能學程及建教合作班免學費）合計，2014年度為219.11億元，占當年度十二年國民基本教育法定預算超過六成（66.38%）。

表3　十二年國民基本教育實施計畫2013-2017年度經費表

單位：億元

工作要項與配套措施	2013年度法定預算	2014年度法定預算	2015年度法定預算	2016年度估計算	2017年度估計算
法定預算總額	288.95	330.07	338.81	359.51	360.22
入學方式	2.83	3.82	2.88	4.48	4.48
產業特殊需求類科免學費	1.5	1.83	1.87	1.91	1.91
實施高中職免學費	142.76	150.35	161.71	172.72	173.62
推動高中職優質化及均質化	42.12	62.12	61.38	63.78	63.28
落實國中教學正常化、適性輔導及品質提升	19.92	26.12	28.71	29.40	29.44
學前教育（5歲幼兒）免學費	42.77	42.77	42.77	42.77	42.77

表3（續）

工作要項與配套措施	2013年度法定預算	2014年度法定預算	2015年度法定預算	2016年度估計算	2017年度估計算
技職教育產業發展	25.18	28.32	26.27	30.64	31.01
實用技能學程及建教合作班免學費	24.16	24.07	19.28	23.22	23.22

資料來源：整理自教育部（2015b）。

說明：表中另列工作要項「制訂高級中等教育法及研修相關子法」，配套措施「中小學課程連貫與統整」、「精進高中職師資人力發展」、「高中職評鑑與輔導」、「推動大學繁星及技職繁星」、「高中職身心障礙學生就學輔導」、「促進家長參與推動」、「政策宣導」等，因金額較少，暫不列入。

二、實施高中職免學費方案

私立學校學生的教育財政公平問題向來都是私立學校辦學團體的政策議題，《教育經費編列與管理法》第7條亦規定：「政府為促進公私立教育之均衡發展，應鼓勵私人興學，給予適當之經費補助與獎勵，並對建立完善學生獎助學金機制之私立學校，優先予以補助與獎勵。」在「學校有公私立之別，學生無公私立之分」的訴求之下，希冀增加政府對私立學校學生補助的呼籲從未停歇。此訴求在政府推動十二年國民基本教育政策時，結合了國民教育「免繳學費」的本質，乃大幅牽動政府對私校學生的補助。

2014年8月以後，全國推行十二年國民基本教育，「齊一高中職學費政策」走入歷史。《高級中等教育法》第56條規定：「高級中等學校學生，符合一定條件者，免納學費。……前項免納之學費，由政府編列預算補助學生。公立高級中等學校學生，由各校於註冊時逕免繳納；私立高級中等學校學生，由各校於註冊時免予繳納後，造具清冊函報各該主管機關請撥經費。……免納學費所需經費……由中央主管機關負擔之……」2014學年度起，公、私立高職學生一律免學費，高中則

有家庭所得在148萬元以下門檻限制方可免納學費。

三、對學生收費之規定

　　為因應十二年國民基本教育於2014學年度之實施，教育部國民及學前教育署於2013年11月12日修正《高級中等學校向學生收取費用辦法》，2014年4月3日修正《教育部主管高級中等學校向學生收取費用補充規定》，規範高級中等學校學生收取學費、雜費、代收代付費（使用費）、代辦費等相關規定及收費金額，並已於2014年8月1日起實施。高級中等學校向學生收取費用之項目及用途包括：

　　學費：指與教學活動直接相關，用以支付學校教學、訓輔、人事、設備、校舍修建所需之費用。

　　雜費：指與教學活動間接相關，用以支付行政、業務、其他雜支所需之費用。

　　代收代付費（使用費）：指學生使用特殊設備、設施之費用及保證金，項目包括：重補修費、實習實驗費、電腦使用費、宿舍費、課業輔導費、其他代收代付費（使用費）。

　　代辦費：學校代為辦理學生相關事務之費用，項目包括：團體保險費、家長會費、健康檢查費、班級費、游泳池水電及維護費、蒸飯費、交通車費、冷氣使用及維護費、其他代辦費。代辦費除各該主管機關公告之收費項目外，由各學校經家長會、社會公正人士代表出席之會議通過……並由學校於收費前公告之。

參、十二年國民基本教育財政面的幾個弔詭現象

　　十二年國民基本教育是我國首度實施在國民教育框架之下補助與收費雙軌財務制度，學生學費由政府補助，其餘各項費用（包括：雜費、代收代付費、代辦費）都由家長負擔。十二年國民基本教育財政從

規劃到實施一年以後，問題已經逐漸浮現，以下分別討論之：

一、免學費政策補助學生，也補助學校

十二年國民基本教育採用補助公、私立學校學生全額學費的作法，耗費大筆公共教育經費支出，其中私校學生每生補助金額為公校學生的3.6至4.1倍，在我國教育史上堪稱是空前創舉。雖然補助學費是對學生補助，但學生入學之後依據學籍與家庭資料提出申請，政府乃將補助金額直接撥給學校。

免學費政策最大的問題在於排擠效果。因受補助學生人數眾多，造成政府財政負荷，免學費與各種學制學費補助占十二年國民基本教育經費的大部分，高占十二年國教法定預算六成以上，其中又以就讀私校學生獲得最大宗補助，最後的利益歸宿（incidence）還是私立學校居多。

二、免學費政策能夠促進公、私立學校的公平競爭，也可能相反

經過2014學年度十二年國民基本教育的實施，公、私立學校造成不同的財務問題。對公立學校而言，補助學生全額學費併同「下授統包」的撥款方式，年度預算分配的總額度反而減少，加上公立學校會計不若私立學校自主，綁手綁腳形成不公平競爭。

三、十二年國教補助與收費制度使私校受惠，也可能受害

十二年國教免學費措施，是我國教育史大額度補助學生就學費用的首例，其中對私校學生的學費補助又占去大部分。政府為嚴密監督學費補助流向，在2014年前後陸續修改多項人事法規，例如：二代健保、退撫儲金、超額年金、提高教師員額編制、規定合格教師比率、及教師

待遇條例規定私校教師待遇得比照公校教師等。對私校而言，政府補助
學費，實質框定收費額度，使私校盈餘空間變小。長期而言，逐漸使私
校失去財務自主性。

四、十二年國教補助與收費制度能夠照顧弱勢學生，但也會造成校際差異加大

　　十二年國教不但對家庭所得在一定標準之下的學生補助學費，也多
方對經濟弱勢學生實施多種補助或優惠措施。依據現行規定，學校向學
生收取代辦費，必須事先調查學生繳交意願、學期結束後將賸餘款退還
學生，繁複的手續讓公立學校卻步；但同時對於招生狀況佳、家長社經
地位高的私立學校，卻可以在家長同意之下另外收取代辦費，而其他私
立學校則因為學生家庭無法負擔而卻步，使各校財務狀況差距形成富者
愈富、貧者愈貧的M型化現象，亦逐漸形成學生選校階層化現象。

五、免學費政策看似減輕家長負擔，但學生家長對收費規定滿意與不滿意態度兩極

　　高級中等學校向學生收取的費用，包括：雜費、代收代付費、與代
辦費，前兩者由主管機關公告收取金額，代辦費則由學校與家長協商後
收取。經過一年的實施，發現確實有部分學校收取代辦費金額偏高，
多以都會地區、獨招、直升（附設國中部）、經濟情況較佳的私立學
校；同時，許多學校卻要面對家長質疑十二年國民基本教育的免費宣
導，不願意繳費，或是進一步質疑學校收取費用的使用情形，此類現象
較多出現於鄉區、職業類科、家長經濟狀況中下的公、私校。家長對於
免學費政策的態度兩極。

六、補助學費有助於學校招生，但也可能導致學校退場

免學費政策帶來的另一個效應在於學校爭相設置高中部，以爭取高額的學費補助。以公立學校而言，部分縣市將原有國中改制為完全中學，以教育部補助學費為誘因，留住學生在地入學；而私立學校亦將原有國中小擴充到高中部，或是原有高中部再附設國中部，爭取學生入學，可藉補助學費提高學生就讀私校意願。但不論是公、私立新設校，在少子女化的人口趨勢之下，都會加速附近學校的萎縮甚至退場。

七、私校財務獨立，卻又對政府補助款依賴程度深

十二年國民基本教育實施後，我國私立高級中等學校的財務，一方面維持獨立運作，不受政府管轄的原貌，但同時政府多種補助計畫供學校申請，使學校對補助款的依賴程度加深。進一步分析學校決算數據後顯示，半數以上私立學校年度盈餘若扣除補助款之後，就呈現負值，顯示學校盈餘來自於補助款。令人不禁困惑，這樣的私立學校，是否已經逐漸變質成為私人以公共資金辦理的特許學校（charter schools），而失去盈虧自付獨立運作的本質了呢？

八、十二年國教追求公平價值觀，卻造就更多元自由的學校制度

十二年國民基本教育以教育機會均等為訴求，為達成公平的政策價值觀，乃採取大額補助學生與學校的政策工具推動。由於高級中等學校的多元本質（公／私立、普通／職業類科），以及允許獨招、兼辦國中、自行收費之規定，一方面造就公、私立學校之間不公平的競爭，以及私立學校辦學的M型化差異，總而言之，就是一個多元自由的學校制度，與當初宣導的政策目標漸行漸遠。

九、結語：建立學費與學生收費調整與監督機制，方是長久之計

在〈高級中等教育法〉制訂之後，教育部著手修正現行的〈高級中等學校向學生收取費用辦法〉，以明確規範十二年國民教育實施之後的高級中等學校對學生收取的學費、雜費、代收代付費（使用費）、代辦費等項目及用途（內涵），並規定各項目收取數額之訂定機關及方式。然現行辦法並未訂定計算基準與年度間、校際間的調整機制。2014年8月以後全面實施十二年國教，補助金額與對象逐步增加，若無一套顧及公、私立與學校辦學品質的公開機制作為免學費與分配補助款的參考，不但造成珍貴教育資源的浪費，也將危及國家推動十二年國民基本教育政策的成效，可見訂定學費、與學生收費（雜費、代收代付費、代辦費）之調整與監督機制確有迫切需要。

參考文獻

教育部（2015a）。中華民國教育統計（104年版），臺北市：編者。

教育部（2015b）。十二年國民基本教育實施計畫**102-106**年度經費表。引自：http://12basic.edu.tw/File/LevelFile_82/%E5%8D%81%E4%BA%8C%E5%B9%B4%E5%9C%8B%E6%B0%91%E5%9F%BA%E6%9C%AC%E6%95%99%E8%82%B2%E5%AF%A6%E6%96%BD%E8%A8%88%E7%95%AB102-106%E5%B9%B4%E5%BA%A6%E7%B6%93%E8%B2%BB%E8%A1%A8.pdf

陳麗珠（2014）。教育財政制度與改革。臺北：心理。

Stone, D. (2002). *Policy Paradox: The art of political decision making.* Rev. ed. New York, NY: Norton & Co.

第六章

臺中市「中小學校務評鑑：發展學校亮點計畫」的實施與改進

吳俊憲

靜宜大學教育研究所教授兼所長暨師資培育中心主任

林素娟

臺中市育英國小教師兼教務主任

吳錦惠 [1]

中州科技大學行銷與流通管理學系助理教授

[1] 通訊作者：吳俊憲。

壹、前言

近年來，世界各國民眾對於學校教育品質逐漸產生質疑和不滿，爲了確保學校教育的辦學績效，並促使教育資源發揮出最大的效果，因此，教育主管機關相當重視教育評鑑，一方面建立一套健全的教育評鑑制度，另一方面也藉以發覺學校辦學問題、解決問題，進而提升教師教學品質、學生學習成效，並做到學校教育品質保證（吳清山、林天祐，2002）。校務評鑑是教育評鑑的重要工作之一，在臺灣，校務評鑑一直是由教育行政機關負責規劃及實施，學校處於被動接受評鑑的地位。此種「由上而下」的校務評鑑，存有許多問題值得改進，例如：評鑑目的偏重於績效考核，比較缺乏對學校發展與問題提供實質助益；評鑑方式流於形式，評鑑結果比較缺乏公信力；評鑑採取統一制式化的表格，未能展現學校的特色與個別差異。

由上可知，校務評鑑旨在瞭解校務經營全貌，診斷問題並協助校務興革，期能提升教育品質，促進教師專業發展與學習，營造出優質學習環境，而評鑑結果正可以做爲改進校務發展的決策依據。但令人省思的是，校務評鑑是否眞能帶來上述助益，抑或會對校務發展帶來一些不利的影響或干擾？

臺中市政府教育局自102學年度起推動「中小學校務評鑑－發展學校亮點學校」，評鑑制度乃融合美國西部大學校院認可協會（Western Association of Schools and Colleges, WASC）、日本佐藤學的學習共同體以及教師專業發展評鑑（以下簡稱教專評鑑）之理念。此次評鑑和以往最大不同點乃主張以「教師教學與學生學習」爲主體，並貫徹以專業成長、「愛與和平」之評鑑精神，並於評鑑前期規劃中小學校務評鑑及教學觀察研習課程、辦理實地訪視評鑑人員培訓、成立專業評鑑服務中心學校、規劃公開觀課實施期程及獎勵制度，希望可以強化評鑑執行品質，提升評鑑公信力。

更進一步來說，此次校務評鑑乃定位爲「新」取向的校務評鑑機

制，評鑑目的不在於消極的證明受評學校辦學的良窳，而是積極的運用系統化方式，蒐集受評學校辦學的各項資訊，再透過診斷與分析，幫助學校發現問題並提供適切的回饋與建議。因此，本研究透過實徵研究，探究臺中市「中小學校務評鑑－發展學校亮點學校」的實施結果，評析是否能協助省思校務推動情形，如何引導建立自我改善的回饋機制？如何協助學校找到校務經營優勢，裨益於凝聚學校同仁共識？是否落實WASC、學習共同體和教專評鑑的理念？是否能改善以往重視形式化、紙本堆疊的評鑑方式？並藉以瞭解臺中市如何透過校務評鑑來強化整體教育品質提升的實際情形。

貳、重要理念與實施方式

臺中市實施「中小學校務評鑑－發展學校亮點計畫」，乃融合了WASC、學習共同體和教專評鑑作為基本理念。底下闡明理念內容，並說明校務評鑑的實施內容、方式和特點。

一、重要理念

美國西部大學校院認可協會（Western Association of Schools and Colleges, WASC）是由三個委員會（commission）組成，分別認證中小學、專科學校與區域大學，以及一般大學校院。該協會強調教育品質的重要指標之一是學生學習成效，而評鑑組織的角色，就是要確認學校辦學是否落實績效責任，即是重點在於評鑑學生學習成效，同時與學校密切合作（吳俊憲，2013）。蘇錦麗（2011）認為WASC係一整體校務評鑑（institution-wide review），旨在評估一所教育機構整體上是否符合WASC的品質標準，評估焦點在機構的能量與效能。WASC期待受評機構能有自我品質保證與進步機制，故機構須自發性地進行學程評鑑與學生學習成效評估。綜言之，依據WASC的精神，且考量學校都有自己

特殊的辦學情境與條件，因此，學校參與校務評鑑只要能夠呈顯出努力執行學生學習成效評估的事證（evidence）即算通過。

　　日本佐藤學提倡學習共同體，乃源自對學生「從學習出走」現象的反省，認為傳統教育只重視個人學習的競爭而不重應用，因此造成學生不知學習的意義和價值，失去學習動機和興趣。所以學習共同體強調以學習者為核心，強調每個學生都要有優質的學習（黃政傑，2013）。佐藤學認為只減少學習內容和考試壓力還不夠，最根本的是要讓學生認識學習的意義和價值，提升教育品質，保障每一個孩子的學習權益，讓學生專心投入於學習，產生良好的學習結果。基於此，學習共同體強調地方、學校、教師、家長、學生都應成立一個又一個的學習圈，在與他人的討論中相互學習。在教學方法上，以引導的方式帶領學生探索學習，讓學生實際深入瞭解知識、運用知識，並經由對於知識的討論及探索，體會學習的快樂，進而開發學習的潛能（黃郁倫，2011）。

　　臺灣自95學年度起推動教專評鑑，其目的在於協助教師專業成長，增進教師專業素養，提升教學品質，以增進學生學習成果。為遂行評鑑工作，教育部提供給學校參考用的評鑑規準加以選用。此評鑑規準是以中小學教師「專業能力」為核心，採取「層面—指標—參考檢核重點」為架構，所建構完整的指標系統。層面乃指涉教師教學專業能力的主要領域或面向，包括：課程設計與教學、班級經營與輔導、研究發展與進修、敬業精神與態度等四個層面（吳俊憲，2014）。誠如潘慧玲和陳文彥（2011）指出，在推動教專評鑑之歷程中，教師透過專業對話進行評鑑概念、評鑑規準、評鑑方法之討論，可促進教師之協同合作，信任文化也可逐漸形塑與強化，學校就在實施評鑑中作了改變。

二、實施內容、方式和特點

　　臺中市校務評鑑指標共分：行政管理、課程發展、教師教學、學生學習、環境營造五大面向，各評鑑面向、項目及指標如下表1：

表1　臺中市校務評鑑面向及項目

評鑑面向	評鑑項目	
行政管理	1-1辦學理念與校務推動	1-2組織運作與領導
	1-3行政運作機制	1-4品質保證機制
課程發展	2-1課程領導	2-2課程規劃
	2-3課程實施	2-4課程評鑑
教師教學	3-1教師教學省思	3-2班級經營與親師互動
	3-3研究發展與成長進修	3-4敬業精神與專業態度
學生學習	4-1學習機會	4-2學生輔導機制
	4-3生活及品德教育	4-4學習成果
環境營造	5-1環境規劃	5-2財產管理
	5-3學校與社區互動	5-4學校家長會組織與功能

資料來源：國立臺中教育大學（2015）。「臺中市中小學校務評鑑－發展亮點學校計畫」實地訪視作業手冊（頁8）。臺中市：編者。

　　臺中市校務評鑑強調「教師教學與學生學習」作為主軸，期望「由下而上」的促使學校進行自我改善以提升辦學水準，主要採專家學者外部評鑑方式，由評鑑委員前往各校進行實地訪視，且進行入班觀察教師教學，觀察數量約9-30堂教室活動（約全校至少六分之一的教師，以正式編制教師為主，其次為代理代課教師）。各校於實地訪視前提出自我評鑑報告及亮點學校計畫，待評鑑委員實地訪視後提出評鑑結果報告，校務評鑑五個面向都達通過者，可進入亮點學校評選名單中，經審查為通過亮點特色認證學校者核予獎勵。

　　為避免以往流於行政規劃主導的缺失，提升校務評鑑的品質，教育局規劃辦理下列活動：

　　1. 評鑑知能研習及經驗分享。

　　2. 校長及主任教學觀察增能研習，提供明確的觀課工具。

　　3. 自我評鑑報告試寫工作坊，協助學校進行評鑑準備作業，並檢核各項指標內容之適切性與可操作性。

　　4. 教育局函文各校，自102學年度起，由學校自主安排每位教師每

學年需辦理1次公開課，安排至少2位同僑教師參與觀課；每學年每位教師需參與同僑觀課4次（每學期各2次），因此也針對教師辦理公開課及教學觀察研習，提升教師的評鑑知能和觀課參與度。

5. 評鑑委員人力培訓，提升實地訪評委員之評鑑專業素養與倫理。為求多元參與及評鑑專業性，規劃外部評鑑委員以每校4-6人為原則，成員組成包含：教育專家學者，退休中小學校長及教師，曾獲教學卓越、師鐸獎與相關教學獎項之教師，曾任或現任教育部中央課程與教學輔導諮詢教師、中小學教師專業發展評鑑中央輔導群教師。另外，評鑑委員須於實地訪視前2週，共同提出一份評鑑結果報告初稿，再透過實地訪視以瞭解學校行政推動與親師合作情形，同時入班觀課以瞭解教師教學與學生學習。

此次校務評鑑的規劃與實施方式，除了改進以往校務評鑑偏重總結性評鑑結果的缺失外，尚有以下特點：(1)落實「專業成長、愛與和平」的評鑑精神，導引每所學校的改善與行動，肯定每一個人的努力與奉獻；(2)聚焦「學生學習與教師教學」之主軸，推動教學觀察；(3)以入班觀察促成教師每學年度進行一次公開課，逐漸發展出學習共同體與授業文化；(4)重視各校自主的「運作機制」（PDCA），發展出亮點學校計畫，以發展學校特色，並協助各校建立自我改善行動機制，以提升辦學水準。

參、研究設計與實施

為瞭解臺中市校務評鑑的實際情形，藉以評析校務評鑑實施的效益與後續可以檢討改進的地方，本研究運用訪談法和文件資料分析。由於參加臺中市校務評鑑第一梯次的學校多為自願參與，因此本研究以臺中市參加102學年度校務評鑑第一梯次的兩所國小（一所大型、一所小型）作為個案學校。陽光小學（化名）現有普通班54班，教師數94

人，創校20多年以來榮獲教育部教學卓越金質卓越獎三座、銀質獎一座、佳作獎三座，且校長也榮獲校長領導卓越獎。綠草國小（化名）現有普通班13班，巡迴資源班1班，教師數有22人，創校近50年，曾獲得教育部教學專業評鑑典範學校銀質獎。另外，兩校均自95學年度起就加入教專評鑑行列迄今。

　　研究者於2014年2月開始實施訪談。訪談兩校的行政人員與教師共14人，訪談對象的基本資料詳見表2，A1-A7屬陽光國小，B1-B7屬綠草國小。

表2　訪談對象資料表

代號	性別	年齡組距	最高學歷	服務年資	現任職務
A1	女	50以上	研究所	30年以上	校長
A2	男	40-50	研究所	15-20年	主任
A3	男	30-40	研究所	15-20年	主任
A4	男	30-40	研究所	10-15年	主任
A5	女	40-50	大學	15-20年	主任
A6	女	30-40	研究所	10-15年	教師
A7	女	30-40	大學	5-10年	教師
B1	男	50以上	研究所	30年以上	校長
B2	女	50以上	研究所	30年以上	主任
B3	女	40-50	研究所	15-20年	主任
B4	男	50以上	研究所	30年以上	主任
B5	男	50以上	研究所	30年以上	主任
B6	男	40-50	大學	10-15年	教師
B7	女	30-40	研究所	10-15年	教師

　　文件資料包含：校務評鑑會議紀錄、學校自我評鑑報告書、學校具體改善計畫、學校亮點計畫、教師教學檔案、教師公開觀課紀錄等。另

也包括「臺中市中小學校務評鑑－發展亮點學校」整體計畫、工作坊手冊、主任研習手冊、教師公開觀課增能手冊、校務評鑑研討會座談資料等。

肆、實施結果

以下分別闡述校務評鑑的實施結果：

一、多由行政主導，教師參與教專評鑑有利於校務評鑑

兩所國小校務評鑑的推動與分工，乃是由行政單位主導規劃，尤其仰賴教務處先擬定工作期程，透過行政主管會議進行處室工作協調，分工後再做整合。教師方面，學校會透過晨會或公開場合進行宣導，讓教師瞭解校務評鑑內容，也讓教師知道如何配合協助，有了明確的依循方向就比較能夠正面看待評鑑，並減少壓力與抗拒。另外，因為兩校的教師大都有參與教專評鑑，對於評鑑委員入班觀課多能從容面對，製作教學檔案亦是相同。

二、評鑑整體規劃程序流暢，能落實「愛與和平」的精神

兩所國小均表示，此次評鑑能讓受評學校自主決定受評日期，能提早公告評鑑程序，且評鑑當日的整體規劃與流程順暢。其次，評鑑委員態度親切，能尊重學校平日作息、維繫正常化教學。第三，行政訪談內容多與處室行政事務相關，提問之外也能給予一些改進的參考意見。第四，教師訪談內容多與教師教學與學生學習相關，不過，訪談對教師來說確實會有些許壓力，擔心回答不好是否會造成負面影響。第五，為瞭解教師教學與學生學習的真實情況，評鑑委員到校訪視時會依據比例原則，當天抽籤決定觀課的教師與班級，受訪者皆表示此舉對教師教學有

所助益，能提醒教師要更重視學生的學習成效，而不只是教師教學技巧的提升，另外在觀課後委員贈送的小卡片，教師們都能感受到委員的貼心。

三、改變重書面、重行政的評鑑取向，改採全局式的評鑑模式

此次校務評鑑鼓勵受評學校全體教職同仁的共同參與，評鑑資料讓學校可以做多元呈現並鼓勵「少紙化」作法，評鑑焦點置於教師教學與學生學習面向，評鑑結果會蒐集紙本文件、觀課紀錄、訪談紀錄等做交叉比對，相較於以往更加周延客觀，因此，兩所國小對校務評鑑多持正向肯定。

伍、改進建議—代結論

以下闡述校務評鑑的改進建議，以此作為本研究結論。

一、應劃分校務評鑑項目及標準，明確訂定各處室間之權責

研究發現校務評鑑項目及標準，對處室之間的權責劃分不夠明確，因此建議在評鑑項目及標準上，學校單位能依照各校行政運作模式先進行處室職掌協調與分工，讓各相關人員得以權責相符，一方面減少處室之間的爭議，另一方面也可進一步掌握準備進度與檢核。

二、應落實校內校務評鑑宣導，建立認知共識

過去的校務評鑑多仰賴行政人員，評鑑面向也以行政運作和財務設備為主，但此次校務評鑑新增「課程發展、教師教學與學生學習」面向，學校如何動員全體教職同仁對校務評鑑產生認同感，並促進參與

度，實乃一大考驗。奠基於WASC的理念，原本是希望學校全員參與，共同完成自我評鑑報告書和亮點計畫，但實際上卻有執行困難，兩所個案小學仍是由行政單位主導和分工執筆，最後再透過公開方式交給全校教職同仁協助檢視修正。因此建議學校應落實校內校務評鑑宣導，透過教師晨會、學年會議等模式溝通校務評鑑實施理念方向和作法，一方面可減少因對評鑑理念的不同而造成之差異，另一方面也透過相互溝通與協調達成認知共識。

三、評鑑指標應參考各層面的改進建議，作適當的整合與修正

校務評鑑目的乃在瞭解學校經營與運作現況，藉由外部人員檢視教育政策在學校落實的情形，然受訪者認為此次校務評鑑的指標有些太籠統，不夠具體；有些又太瑣碎；部分指標有重疊現象，以致在資料成果呈現上會有不同的解讀與看法。因此建議教育局應針對評鑑指標再作檢視、整合及調整，必要時可廣泛的透過說明會或研習活動來釐清各校的疑慮。

四、應確立評鑑資料呈現的要項與方式，以有效減輕學校負擔

校務評鑑的實施，依據教育局評鑑前的說明會，希望學校能依平常心來面對，評鑑資料呈現可採數位化或書面形式，藉以減輕學校因準備工作帶來的沉重負擔。然受訪者認為學校的負擔並沒有因此減輕，因為部分評鑑委員仍會依個人喜好與習慣，要求提供紙本資料來檢視辦學績效，如此一來，使得學校對說明會的內容與承諾感到質疑。因此建議應針對評鑑資料呈現做明確規範，也要讓評鑑委員有共識，才能真正的減輕學校負擔。

五、評鑑結果的公平性與客觀性應重新檢視

(一) 應依據學校規模大小，採用具差別性的評鑑指標

此次受評學校，不論是何種規模均採齊一式的評鑑指標，然而學校規模不同，在推動校務評鑑時所面臨的狀況與所需的人力和物力就大不相同，如何以齊一標準去評鑑也就令人質疑。建議未來應區分學校規模大小，且儘可能由同一組評鑑委員去評鑑同一規模的學校，除可以減輕評鑑委員對標準化的困擾，也可減輕學校對評鑑結果公平性的疑慮。

(二) 應削弱評鑑委員的主觀意見，提問過程要更慎重

雖然評鑑委員都有接受過相關的技巧訓練和倫理課程，但是受訪者仍表示，評鑑結果有受到少數評鑑委員主觀意見的影響，因此不容易評鑑出學校的真實表現，也連帶質疑評鑑結果的公平性與客觀性。例如：少數受訪者表示遇到的評鑑委員帶有主觀意見，會進行引導式提問；由於綠草國小近年來人事異動大，加上是偏鄉小校，受訪的新進教師對於學校過往的發展不太熟悉，受訪時有很多問題無法做完整說明；委員走動訪談時，綠草國小有教師被訪談了三次；學生訪談時，有少數委員的提問不太恰當，要求綠草國小學生將中文翻譯英文、英文翻譯成中文，容易讓部分學生受到挫折，反而失去訪談的意義。

六、應減輕評鑑委員負擔，促其有更多時間深入暸解學校實況

由於評鑑委員的實地訪視流程相當緊湊，每一個程序都要蒐集資料，包含：檢閱紙本和數位檔案的資料，撰寫觀課和訪談紀錄，而且入班觀課時間很短，一節課要觀課兩個班級，同時還要記錄教師教學表現與學生學習專注情形，時間運用上顯得倉促，較難有從容的時間來深入暸解「教與學」的真實情況，日後可予以調整。

參考文獻

吳俊憲（2013）。不習慣就是成長的時候——我看「臺中市中小學校務評鑑——發展亮點學校計畫」。**靜宜大學實習輔導通訊**，11，1-3。

吳俊憲（2014）。**教師專業發展評鑑：三化取向理念與實務**（初版2刷）。臺北市：五南。

吳清山、林天祐（2002）。校務評鑑。**教育資料與研究**，44，132-133。

國立臺中教育大學（2015）。「臺中市中小學校務評鑑——發展亮點學校計畫」實地訪視作業手冊。臺中市：編者。

黃政傑（2013）。學習共同體風起雲湧。**師友月刊**，552，0-4。

黃郁倫（2011）。激發學習的快樂與潛能——「學習共同體」在日本教育改革中的導入及實行。**教師天地**，171，39-42。

潘慧玲、陳文彥（2010）。教師專業發展評鑑促進組織學習之個案研究。**教育研究集刊**，56（3），29-65。

蘇錦麗（2011）。美國WASC採行的「學生學習成果本位評估模式」。**評鑑雙月刊**，22，37-41。

第七章

從特色學校發展探討
教育品質的內涵

陳幸仁

國立中正大學師資培育中心暨教育學研究所教授

壹、緒言

　　古今中外，教育品質的提升，一直沒有被忽視，也一直因時代及社會變遷，被重新賦予新定義、新內涵。尤其，近年來受到教育改革全球化風潮所致，如何強化與提升教育品質，成了各國重要的教育政策方針（陳幸仁，2005；蔡金田，2010）。這股教育改革全球化風潮，不僅以歐美為先鋒，其他國家也爭先借鏡或傚效，以期能與西方強權並駕齊驅。

貳、英美國家提升教育品質之政策

　　為了提升教育品質，世界主要先進國家，例如：美國、英國等，均陸續推動提升教育品質的政策。以美國為例，在經歷2001年911恐怖攻擊事件、以及美國學生在國際測驗成績落後等原因，並配合當時布希總統簽署的「沒有孩子落後」（No Child Left Behind）法案，將原先推動的「藍帶學校計畫」（Blue Ribbon School Program），修改為「沒有孩子落後—藍帶學校計畫」（No Child Left Behind-Blue Ribbon School Program），將選取標準，著重在雙核心層面，亦即卓越與均等。不僅強化所有獲頒學校在追求所有學生卓越成就上，能展現強烈的使命感；並著重針對弱勢學生（例如：來自低收入家庭）的學業成就，能在州測驗中獲得顯著的進步（吳清山、林天祐，2003a）。此項計畫，能切實關注「沒有孩子落後」的立法精神，體現並確保每一個孩子（尤其是弱勢學生）受到積極照顧，其一則能以卓越為主軸來提高學生的學習成就，一則能促進教育機會均等，頗值得我們借鏡與傚法。

　　而在英國，則在中學層級推動「專門學校計畫」（Specialist School Program）及小學層級推動「小學策略學習網絡」（Primary Strategy Learning Networks），此兩者之前身即為「燈塔學校計畫」（Beacon School Scheme）。雖然名稱有些變動，但「專門學校計畫」

和「小學策略學習網絡」皆強調，學校本身有其課程或活動的特色或強項，促使學校能在特定專門領域發展出有效能的課程與教學，且能持續維持學校本身特色或傑出的表現，並進行創新，進而成為學校的特色，並達到提升成就標準的目標（林永豐，2003）。此外，並將學校特色分享給夥伴學校，為夥伴學校提供諮詢與建議，其目的即在建置全英國的學校策略學習網絡（吳清山、林天祐，2003b）。

　　上述英、美兩國所提出提升教育品質的政策，乃由上而下的推動。然而，由於是政府透過遴選方式，因而隱含了以績效導向的學校經營與發展的趨向。而臺灣目前正面臨市場化思潮和少子女化的衝擊，教育當局亦推動由上而下的特色學校政策，以解決教育危機，並期能提升教育品質。

參、臺灣推動特色學校方案，提升教育品質

　　回顧臺灣，受到全球化教改風潮所致（陳幸仁，2005），臺灣也相當重視教育品質的提升，近年來教育部推動特色學校，即為一例。特色學校的推動，一則來自教育市場化思潮所致，一則由於少子女化的社會衝擊。教育市場化思潮，立基於將學校經營，朝向市場區隔的做法，亦即定位學校某些課程，能具有精緻性、區隔性、獨特性、永續性等特性，期能成為學校特色。就精緻性而言，課程設計需要巧思與創意；就區隔性而言，課程成為與其他學校不同的課程，達到所謂市場區隔的效果；獨特性更是將課程推展到極致境地，讓學校課程成為全國少之又少的特色課程；永續性則著眼於課程發展不能像煙火般，也不能因人事的變動而更迭消失（尤其是如果換了校長，特色課程可能就不繼續推動）。

　　另一個影響特色學校的推動，則來自少子女化的社會衝擊，期能化危機為轉機，尤其針對偏鄉學校的未來，注入一股強心劑（蔡清田、陳

幸仁，2013）。少子女化的報導，已是不爭的事實，無需贅言。影響所及，就是全臺中小學校數的減少，尤其是小學層級的衝擊更大。爲了因應社會人口結構與教育生態的丕變，教育部自2007年度開始，著手進行「推動國民中小學營造空間美學與發展特色學校」計畫，於去年（2015年）已進入第三階段第三年實施。特色學校的推動，更在知名平面媒體（例如：《親子天下》和《商業週刊》）的報導下，受到矚目。尤有甚者，國內外知名電子媒體亦競相採訪報導。例如：雲林縣成功國小連續兩年（2007、2008年）榮獲教育部「活化校園空間暨特色學校」計畫全國特優，更受到國際聚焦，美國國家地理頻道、英國BBC電視臺、日本朝日電視臺、臺灣公共電視等全球知名媒體，皆以「紫斑蝶」爲題製作該校特色學校的推動，將學校經營成功的過程分享全世界觀眾（歐用生，2008）。成功國小能獲選之理由，主要能符合特色一詞的內涵，所推動的課程或活動，能達到其他學校之間的市場區隔性或獨特性。具體而言，以成功國小爲例，全臺沒有幾所學校以紫斑蝶做爲特色主軸。其次，課程能進行橫向跨領域發展，亦能注意國小低、中、高年級的貫向課程設計，做到相當程度的課程統整。

肆、特色學校的教育品質內涵

推動特色學校，到底能展現哪些教育品質的內涵？可從建立品牌特色、多元行銷增加學校能見度、彰權益能提升教師專業成長、學校—社區生命共同體更加深植及學生學習多元效益等面向來討論。

第一，建立品牌特色。特色學校的發展，通常立基於學校本位課程發展之基礎上（林志成、林仁煥、田育昆，2012），而發展學校本位課程，通常以SWOT分析架構，針對學校所存在的優勢、劣勢、競爭機會和威脅面向，進行整全式的評估與分析，從中找尋與定位學校課程發展的利基，進而設計具有特色的創新課程或方案活動。此種具特色的學

校本位課程，往往透過多元行銷，尤其著重外部行銷面向，逐漸受到社會大眾的肯定，更得到學校利害關係人的支持與協助，不僅獲得社區家長的認同，若能得到官方或媒體的關注，更能提升學校特色的能見度，進而建立品牌。

第二，多元行銷學校特色以增加學校能見度。在現今科技輔助與教育生態下，學校行銷成了學校與社會大眾連結的重要管道。然而，學校要善用多元行銷方式，不僅透過平面溝通媒介（例如：宣傳單、通知單、校刊、家庭聯絡簿、報紙報導等），亦要採用電子媒體（例如：學校網頁、電子看板、電子郵件、大眾傳播媒體等），向學校傳播特色課程的理念與成果。然而，這仍不足，必需主動向外界宣傳。例如：將特色課程結合社區慶典、廟會活動、村里重要活動等，在這些平臺上呈現與社區人士互動效果。如此一來，更能做到互動行銷的效益，不僅將特色課程的理念順利傳達，更能展現學校特色的成果。

第三，特色學校能促進彰權益能，提升教師專業成長。特色學校的推動，其目的乃提升學校的競爭力，更需全校成員能形塑合作文化的學校氣候，捐棄孤立主義的意識型態思維。特色課程需要師資、設備、教材、活動安排等，其中教師能否參與校務決策、進行專業對話、上層能否營造信任支持的學校氣候，更是影響教師彰權益能的核心所在，其關鍵在於校長領導。換言之，校長若能重視教師的意見，願意傾聽、分享和對話，自然而然，教師便能摒除以往古典專業主義的保守心態，朝向更開放的、集體合作的、互為信任的專業主義思維（陳幸仁，2013；Snell & Janney, 2005）。要知道，所有課程實施能否成功，教育品質能否掌控，教師心態往往是關鍵。

第四，學校－社區生命共同體的深切體認。誠如上述，特色學校的推動，要立基於校本課程上，而校本課程通常和社區特有文化資產或自然生態習習相關。以此角度而言，學校特色即需要學校和社區建立策略聯盟。學校向社區取經，汲取能發展特色的課程要素（例如：某樣生態物種、某項文化資產等），或者借重社區傳藝師傅的授課，以發展學校

特色課程。反過來說，社區的存在，學校占了相當大的分量，尤其是偏鄉學校。陳幸仁、王雅玄（2009）探討偏鄉小校研究，其研究結果顯示，偏遠學校存廢幾乎與當地社區的存廢劃上等號，彼此形成緊密的生命共同體。

　　第五、特色學校的推動能使學生獲致學習多元效益。任何的課程革新與學校經營，最終皆要關乎學生學習，不論在量化與質性層面，是否達到一定的成效，特色學校的推動亦不例外。特色學校的推動，通常在校本課程的立基上，強調學生多元體驗學習的重要性。透過體驗學習的教學方式，結合在地的文史或生態特色，讓學生透過觀察、操作、討論、互動、探索等情境體驗方式，開展學生對智性活動的體驗與領悟（林志成、林仁煥、田育昆，2012）。Kolb與Kolb（2009）認為，體驗學習能讓學生藉由情境的親身經驗，從具象經驗的接觸與操作，進入到思維的抽象概念化，期間不斷地經由省思、調適、同化等心理運思歷程，終能獲致學習多元效益。

伍、結語

　　為了強化學校的競爭力，尤其是偏鄉學校，在少子女化的衝擊下，更顯得弱勢。而特色學校的推動，在時代與社會變遷下，應運而生，期能帶動教育品質的提升。不論學校經營或教育改革方向如何進展，學校教育都需有永續發展的視野。特色學校的推動，已行之有年，不少偏鄉學校透過特色學校的推動，翻轉教育也改變了教育地景。特色學校的教育成效，不僅建立學校品牌特色、促進教師彰權益能，也讓學校和社區之間加強共生共榮，更對學生的多元學習提供絕妙的教育處方。教育品質的獲得，就在學校特色這道教育佳餚中，嚐出美味。然而，特色學校的推動，如果未能根據學校本位課程發展之基礎上，僅是為了發展特色而未能深入分析學校發展的優勢課程或活動，這可能造成學校經營的偏失，不可不慎。

參考文獻

吳清山、林天祐（2003a）。燈塔學校。**教育資料與研究**，50，117-118。

吳清山、林天祐（2003b）。藍帶學校。**教育資料與研究**，50，115-116。

林永豐（2003）。專門學校持續擴張，鼓勵中學發展特色。**英國文教簡訊**。取自 http://192.192.169.230/edu_paper/data_image/g0000218/0n42/20090600/p0000203. pdf

林志成、林仁煥、田育昆（2012）。特色學校發展的相關理論。載於林志成（主編），**特色學校理論、實務與案例**（頁67-94）。臺北：高等教育。

陳幸仁（2005）。從全球化教改風潮論校長的因應策略：Giddens「結構─行動」理論之觀點。**教育政策論壇**，8(2)，143-174。

陳幸仁（2013）。從教師專業發展評鑑之實施論教師專業主義內涵之變遷。載於李隆盛（主編），**教師評鑑**（頁95-102）。臺北：五南。

陳幸仁、王雅玄（2009）。偏遠小校的社區關係與組織文化。載於張鈿富（主編），**教育行政：理念與創新**（頁319-349）。臺北：高等教育。

歐用生（2008）。學校本位課程評鑑的視野──雲林縣學校優質轉型經驗的省思。**課程與教學季刊**，12(1)，1-24。

蔡金田（2010）。國民小學學生家長知覺教育品質因素重要性之探究：一所國小之個案研究。**教育行政論壇**，2(1)，33-55。

蔡清田、陳幸仁（2013）。特色學校的課程領導：微觀政治取向。**教育研究**月刊，225，23-38。

Kolb, A., & Kolb, D. (2009). Experiential learning theory: A dynamic, holistic approach to management learning, education and development. In S. Armstrong, & C. Fukami (Eds.), *The SAGE handbook of management learning, education and development* (pp. 42-69). London: Sage.

Snell. M. E., & Janney, R. (2005). *Collaborative teaming* (2nd ed.). Baltimore, MD: Paul H. Brookes.

第八章

教育品質中的跨界協同：協同資本的觀點

高翠鴻

國語實驗國民小學教師

國立臺北教育大學課程與教學傳播科技研究所博士生

壹、教育品質中的協同

學習品質成立的關鍵，除了適當的目標、理念、教材和評量，教育過程中呈顯的關係也是不可忽視的要素。教育過程中的關係，並不侷限於教師與學生之間愛與榜樣，還涵蓋教育人員之間的互動關係。教育人員的專業協同，攸關教育品質的良窳；可惜的是，不同立場的專業，各彈各的調，已嚴重影響到教育的品質。

教育工作者爲了教育品質展開的合作，是教育責任感的表現。在合作的過程中，難免會經驗到衝突。準此，本文以協同資本（collaborative capital）的觀點，探討不同立場的教育人員，如何在不確定中化解衝突，將矛盾昇華至創新的動能，在跨界（boundary crossing）中建立更好的協同關係。

貳、協同動起來

一、協同的意涵

協同（collaborate）一詞，有一起（co-）分工（labor）的意涵（Merriam-Webster, 2015a）。以文化歷史活動理論觀之，遠古的人類個體，爲了滿足吃和穿的需求而去狩獵，當目標達成（取得獸肉和獸皮），狩獵的作用（operation）即告一段落。倘若一群人有共同的需求，就需要和其他人一起狩獵。爲了滿足群體狩獵的動機，群體中的個體，必須分頭進行狩獵的工作（如：設陷阱、埋伏），這也就構成了分工（division of labor）（Engeström, 1987）。

協同並不等同於合作（cooperate）。合作強調「一起行動」和「服從規則」（Jolliffe, 2007; Merriam-Webster, 2015b; 2015c），協同「服從」團體規則的意味則較爲淡薄。協同格外強調分工，每個成員不僅要完成「自己份內的事」，還得兼顧組織內外部所有利害關係人的興

趣與利益，在跨界互動中共同創造融洽的關係（Kennedy & Beyerlein, 2005; Koch, 2005）。

二、建立協同的關係

對重視關係的華人來說，關係兩個字是十分耐人尋味的，至少具有五種層面的意涵：(1)個體和團體的社會連結；(2)個體和社群的聯繫網絡；(3)社會中的人際規則和原則；(4)一系列彼此交流或互惠的活動；(5)報（bao），也就是投桃報李；(6)人性（renqing）；(7)面子（mian-zi）。良好關係的建立，不只是求公平，還要在特定情境中表現出「得體」的行為（Fang, 2009, pp.173-174），只要有任何不對勁的干擾氛圍，辛苦建立起來的關係便有可能出現矛盾。

想要圓融地化解組織關係中浮現的矛盾，就得建立協同資本。協同資本，又稱協同意圖資本（collective intentionality capital），係指能促使組織成員融洽共事的無形資產，通常以結果來顯示，如：增加的創新和創意、承諾與投入、彈性與適應性、經營知識和學習改進（Beyerlein, Beyerlein, Kennedy, 2005, p.xiii; Engeström, 2005）。

具備協同資本的教育組織，可以巧妙地利用矛盾，改善跨領域成員的合作（Kennedy & Beyerlein, 2005）。為了讓跨界共享知識和創新成為可能，跨界的態度和能力是必要的。所謂的「跨界」，跨越的不僅是領域、文化和氣質的差異（difference），還包含了自我和他者之間的歧異（diversity）——我不見得喜歡你的不一樣，但是我尊重並珍視你我之間的不同（Southern, 2005）。

參、關係的改變

在華人的教學文化中，的確存在不平等的關係（Macduff, 2009）。儘管不對等的權力關係很難消弭，但我們還是可以透過協同

資本，展開協同的溝通。溝通大師Habermas便指出，支持協同的溝通能力，包含：相互理解（mutual understanding）、共享價值（shared values）、真相（truth）與信任（trust）四個要素。透過相互理解，人們得以取得共識；藉由共享價值，人們得以跨越文化的鴻溝，產生傾聽與合作的意願；在溝通的關係中，人們能共同發現真相，並邀請彼此進入真實的關係；在信任中，向對方學習的意願提升了，溝通參與者相信自身有一些東西能給對方，自己也能從對方的言談中獲益（Pérez, 2008; Southern, 2005, p.384）。

肆、協同跨界：構想與實踐

一、跨界的想像與knotworking

　　Engeström（2000）以「工作聯結」（"knotworking"）來說明跨界成員間的動態的關係發展。Knotworking係以管弦樂作法中的快速演奏、分散和弦和部分即興創作為喻，說明鬆散連結的行動者和組織單位之間的協同表現（Engeström, 2000）。將看似獨立的線頭，加以綑綁（tying）、鬆綁（untying）、再綑綁（retying）的動作，可以豐富樂曲的音色變化與音響層次，增加管弦樂曲的表現力。

　　Engeström（2000; 2010）常以赫爾辛基的醫療案例，說明knotworking如何幫助組織提升效能。從臺灣的醫療脈絡來看，治療重大疾病患者，不能只依賴個別醫師的想法，還必須瞭解不同部門醫師和檢驗師的診療結果、醫院主流的治療方針，以及患者和家屬可能的反應。在共同承擔醫療責任的時候，要有充分的knotworking，才能決定最合適的診療方案。

　　同理，有充分的knotworking，才能保障最佳的教育品質。個別教師在教學實施前，必須考量個人的教學實踐，是否牴觸不同層級、不同職務教育工作者的立場，也需要預想學生的表現與成就、家長的想法

與感受。一旦建立起協同的關係，教育者便能心無旁鶩地滿足學生的需求，讓差異與歧異相互碰撞，在不確定中產出更高水準的知識與表現。

　　教育現場的特性包括：重視自主、相對安定、重複的行事、強調科層倫理、需迅速處理雞毛蒜皮的小事。自主衍生疏離；安定形成封閉；重複帶來僵化；科層導致控制；不停處理瑣事則造成對過程細節的不在意。在封閉的職場環境中，由於缺乏非做不可的迫切性，讓集會往往成為虛應故事的場合，教育組織成員在集會中照規矩輪番上陣，重複無意義的流程（Engeström, 2010; Levine, 2007），集會結果往往是揣摩上意，重在出席而非創見。

　　藉由knotworking，教育現場原本分散凌亂的線頭得以連結在一起。在鬆與緊的拿捏中，跨界的教育實踐者敞開心胸，願意投入討論與爭論，提出草根性的創意見解，逐步裝備和他人分享的動機、和他人溝通的能力與向他人學習的機會，從鬆散結合朝向共鳴協同，與他人共同奏出管絃樂流暢優美的張力。

二、教育跨界發展的軌跡

　　Knotworking體現一種急遽延展的時間觀（Engeström, 2000），這是一種整體發展的軌跡。回溯近代臺灣教育發展的文化歷史脈絡，可以分為五個時期：殖民教育（1919-1949）、普及教育（1949-1994）、教改浪潮（1994-2003）、教育績效（2003-2014）、跨界思潮（2014-），如圖1。

　　圖1中，X軸代表社會大眾期望的理想學生表現；Y軸代表支配的教育意識型態。1919年，《臺灣教育令》發布，旨在培養效忠殖民母國的人力資源。1949年國民政府來臺，注重教育穩定社會的作用，中央集中控管課程與教科書，並實施九年國民義務教育，藉以提升整體國民素質。90年代以降，自由開放的訴求漸起，臺灣展開一連串的教育改

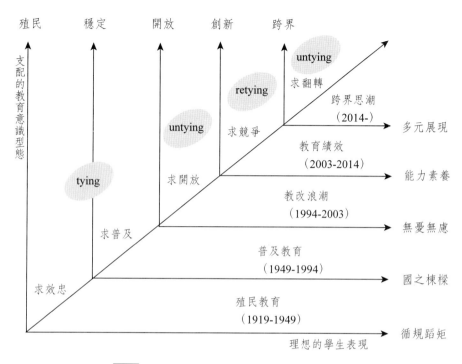

圖1　近代臺灣教育發展的文化歷史脈絡

革，開放大學窄門、開放教科書出版、開放民間辦學，希望能減輕學生的升學壓力。

　　九二課綱頒布的年代，正值全球化浪潮蔓延，教育上追求卓越、創新，建立教育績效責任，在在顯示提升國家競爭力的企圖。2014年開始，臺灣又開始追趕新的流行。跨界的教育思潮（如：學習共同體、翻轉教室）衝擊教育實務現場，很多學校的座位排列都變了個樣，臺灣似乎企圖藉由翻轉（flipping），翻轉教室的課堂風景、翻轉傳統的教學流程、翻轉學習與教學的假定與界限。

　　在翻轉的流行中，誰也不知道臺灣的教育會翻轉到哪兒，但依稀可以感覺到：過去對教育邊界的想像變得模糊，學生主體的聲音受到前所未有的重視，非主流的想法與權力在社會運動中受到注目與討論——

「跨界」的挑戰拔山倒樹而來，並透過網際網路的力量，修正傳統的邊界與技術分工。

　　教育品質在社會脈絡中提升，在跨界的關係中奔向崩壞或燦爛。揆諸近代臺灣教育的發展，不難看出綑綁、鬆綁、再綑綁、再鬆綁的脈絡。面對邊界的崩解，教育界的穩定性和封閉性受到挑戰，跨界協同鼓勵探討不同團隊背後歷史、實踐和理論的動力，藉以讓成員突破活動系統中的矛盾，將教育品質的可能性做進一步澄清，體現出教育質地中存在但未被注意到的蹤跡。

三、跨越差異，創造真實溫柔的知識

　　Kant（2003, p.14）提醒教育工作者：「孩子必須受教育，不是為了現在，而是為了未來可能進步情況的可能性。」為了孩子進步的可能性，我們需要透過跨界協同來解決疏離、封閉、僵化、控制、輕忽細節等教育問題。怎樣跨越差異與歧異呢？根據協同資本的特性，筆者提出五點建議：

(一) 面對不適

　　坦然面對差異和歧異可能帶給我們的不舒服感受，並從文化歷史的脈絡中，尋找不舒適、不喜歡的源頭。

(二) 關懷同理

　　在共同工作的過程中，除了要提供跨界成員工作所需的資源，也要保持對他者的關懷，同理跨界利害關係人的差異與歧異。

(三) 共創新知

裝備溝通的能力，與他人建立相互理解的關係，在愛與信任的對話中共同發現共同的價值，與他者共同創造嶄新的知識。

(四) 跨界分工

開放地檢視knotworking過程中的互動關係，用創新積極的態度，向不同領域的他者學習，修正既有的邊界，提升跨界分工的效能，共同為組織共同目標負起責任。

(五) 善用矛盾

利用矛盾出現的時機，檢視矛盾形成的深層結構因素，利用衝突的經驗改善跨領域的關係。

教育場域中的一切規則，原本就是社會建構的；但是，社會所建構的規則不見得是霸道的。藉由協同資本，教育實踐者得以創造「夫唯不爭」的knotworking，跨越差異與歧異，與他者共創真實適切的規則。在共同創造的規則中，因為認識到差異與歧異的存在，所以這樣的關係是溫柔的，不會讓人感到壓迫。

參考文獻

Beyerlein, M. M., Beyerlein, S. T., & Kennedy, F. A. (2005). Introduction. *Interdisciplinary Studies of Work Teams, 11*, xiii-xx.

Engeström, Y. (1987). *Learning by expanding: An activity-theoretical approach to developmental research*. Helsinki, FI: Orienta-Konsultit.

Engeström, Y. (2000). Activity theory as a framework for analyzing and redesigning work. *Ergonomics, 43*(7), 960-974.

Engeström, Y. (2005). Knotworking to create collaborative intentionality capital in fluid organizational fields. *Interdisciplinary Studies of Work Teams, 11*,307-336.

Engeström, Y. (2010). *From teams to knots.* New York, NY: Cambridge.

Fang, L. S. (2009). More than collectvism: A guanxi-oriented approach to mediation. . In J. Lee & T. H. Hwee (Eds.), *An Asian perspective on mediation* (pp.170-190). Singapore, SG: Academy Publishing.

Jolliffe, W. (2007). *Cooperative learning in the classroom: putting it into practice.* London, UK: Sage.

Kant, I. (2003). *On education* (A. Churton Trans.). London, UN: Kegan Paul & Co.

Kennedy, M. F., & Beyerlein, M. M. (2005). Minimizing the impact of organizational distress on intellectual and social capital through development of collaborative capital. *Interdisciplinary Studies of Work Teams, 11*, 237-284.

Koch, A. H. (2005). Exploiting intellectual and collaborative capital for innovation in knowledge-intensive industries. *Interdisciplinary Studies of Work Teams, 11*, 73-90.

Levine, T. H. & Marcus, A. (2007). Closing the achievement gap through teacher collaboration: Facilitating multiple trajectories of teacher learning. *Journal of Advanced Academics, 19*(1), 116-138.

Macduff, I. (2009). Decision-making and commitment: Impact of power distance in mediation. In J. Lee & T. H. Hwee (Eds.), *An Asian perspective on mediation* (pp.111-144). Singapore, SG: Academy Publishing.

Merriam-Webster (2015a). *Collaborate.* Retrieved from http://www.merriam-webster.com/dictionary/collaborate

Merriam-Webster (2015b). *Cooperate.* Retrieved from http://www.merriam-webster.com/dictionary/cooperative

Merriam-Webster (2015c). *Operate.* Retrieved from http://www.merriam-webster.com/dictionary/operate

Pérez, , P. G. (2008). *Educators as adult learners creating sustainable community develop-*

ment through solicitude and care for the other: Critical inquiry in Northern California and North East Thailand (Doctoral dissertation, University of San Francisco). Retrieved from https://books.google.com.tw/books?id=OcdO6DxxHxgC&printsec=frontcover&hl=zh-TW#v=onepage&q&f=false

Southern, N. L. (2005). Creating cultures of collaboration that thrive on diversity: A transformative perspective on building collaborative capital. *Interdisciplinary Studies of Work Teams, 11*, 33-72.

第九章

香港融合教育的實施現況與品質提升的策略

吳善揮

香港五育中學教師

香港大學教育學院碩士研究生

壹、引言

融合教育已經成爲全球教育發展的大趨勢，當中主要的推行目標，就是希望透過把身心障礙學生安置於普通學校裡，讓他們可以盡早融入主流社會的環境，以提升他們日後投身社會工作或繼續升學的能力；當然，他們依然可以從普通學校裡得到不同方面的專業支援，以使他們的個別化需要繼續得到滿足；因此，在這樣的背景下，香港政府亦跟隨全球教育發展的大環境，於全港各級學校實施「全校參與模式」的融合教育政策，以讓身心障礙的學生得以接受更高素質的教育；事實上，香港的融合教育政策已經實施經年，筆者認爲現在也是時候檢視政策的實施成效，總結當中不同方面的實施經驗，並在此基礎之上提出提升融合教育品質的策略，以供香港教育界作爲持續提升融合教育品質的參考。

貳、優質融合教育之標準

筆者嘗試綜合不同的文獻內容，爲優質融合教育訂立評量的標準，以利本文分析香港融合教育的實施現況，如下：

一、個人成長方面

香港教育局（2014）指出在優質融合教育下學習的學生，他們會表現出正面的自我形象，對自己的表現具有較大的自信心，展現出一定的自尊感，同時亦能夠掌握不同的社交技巧；當然，師生也能夠共同建構友善、關愛之環境，而學生亦能從中改善自身的行爲問題，並加強自身對學校及班級的歸屬感（李知蓉，2011）；研究顯示，與一般學生相比，學習障礙學生在學校的人際關係較差（詹文宏、周台傑，2006），故學校須針對此而提供適切的輔導；由於學習障礙孩子身負巨大之學業及人際壓力，所以他們在生活適應上更容易遇上危險因子

（曾瓊禛、徐享良，2006），這是教師需要留意的地方。由此可見，成功而優質的融合教育之標準，就是學校能夠讓不同種類的學生發展出自信心、自尊感，並且透過營造校園的關愛氛圍，減少他們的精神壓力，讓他們建立正向的行為，以及正常的社交關係。

二、學習表現方面

香港教育局（2014）認為若學校能夠推行優質的融合教育，學生必定能夠展現出較高的學習動機，並且願意主動學習；為了使特教學生也可以有效地學習，教師需要對課程內容作出適當的調整，並且規劃相關的教材教法（邱惠暄，2010），才能夠改善教學之品質；教師需要走進特教學生的世界，瞭解他們的學習需要，按照學生的能力設計適切的教材，以減少學生在學習路上的挫折感，使他們感受到被別人重視的感覺，並從中建構成功的學習經驗（王淑惠，2010）；教師的職責在於激勵一直處於學習失敗的特教學生，讓他們可以實現自我的價值（張世慧，2009）。由是觀之，具品質的融合教育之其中一個指標，就是能夠向特教學生提供建立成功學習經驗的機會，並發展出他們的學習自信心，最終由此讓他們變得更積極學習。

三、專業支援方面

若學校要成功推動融合教育的落實，那麼家長、普通班教師、學校行政單位均需要互相配合，並透過縝密的計畫及整合不同的資源，才能夠有效地支援特教學生的學習（柯閔文、陳美惠，2009）；同時，學校藉著教師專業學習社群的形成，促進他們彼此之間的同儕交流，包括：共同建構願景、發展交流平臺、分享教學實務經驗等，建立融合教育實施的清晰方向，進而提升融合教育的整體品質（吳靜如，2015）；雖然融合教育有其實際的價值及作用，惟在資源不足及配套

不佳的情況下,安置特殊需求者於非融合的學習環境裡,是相對較安全而周到的方式(林育薰,2014)。由此觀之,優質的融合教育之具體表現,就是學校能夠整合充足而不同的資源、推動教師的專業社群發展,並透過具體而精細的計畫及配套,為身心障礙學生提供完善的學習環境,以使不同的特教學生都能夠從學習之中有所獲益。

參、香港融合教育的實施現況

事實上,香港教育局以現金津貼作為誘因,鼓勵主流學校實施融合教育,並錄取不同種類的特教學生。在經年累月的情況下,社會不同的持分者普遍都認同當中的核心價值:特教學生也可以擁有優質的受教機會,同時也提升了社會及社區對特教學生的接納程度,筆者也認為這是香港融合教育政策最為成功的地方。然而,香港所實施的融合教育仍然與優質之標準存有一定的距離,當中的主要原因如下:

一、特教學生的學習及個人成長表現未算理想

香港平等機會委員會(2012)的一項調查顯示,有三至七成的受訪校長、教師及專業人士並不認同情緒問題、行為問題、過動症、智力障礙和自閉症等學生,能夠專心於課堂的學習,並且認為他們經常打擾班級同學的學習,更指出他們的自我形象一般比較負面,同時,約有三成受訪的特教學生指出他們在校內遭受他人取笑和霸凌;吳善揮(2013)發現有香港讀寫障礙學生在學習方面得不到學校適當的調適,結果因此而不斷遭受學習的挫敗,進而失去學習興趣及自信心。由是觀之,特教學生不論在學習或校園生活方面,皆未能夠得到全面而適切的照顧,可見融合教育的品質仍然有待提升。

二、教師普遍欠缺融合教育的專業知識

　　香港平等機會委員會（2012）指出少於10%的校長曾修讀特殊教育或融合教育的課程，而曾接受特殊教育師資培訓的教師更只有4%，同時，相對其他受訪者而言，教師對融合教育的認知爲所有受訪者之中最低，情況令人擔憂；吳善揮（2014）的研究指出，教師欠缺專業的特殊教育知識，故此未能夠在課程內容、教材教法方面進行有效的調適，即未能夠滿足特教學生的學習需要。括言之，教師欠缺對融合教育的認知，大大影響到特教學生的學習表現，最終對融合教育的實施品質產生負面的影響。

三、特教學生的家長缺乏適切的支援

　　香港平等機會委員會（2012）的研究顯示，特教學生的家長並不認同學校能夠照顧他們的特教孩子之需要，包括：提供的專業訓練不足、教師未能處理孩子之情緒、中小學欠缺應有的銜接、社區或學校不接受特教孩子等，而且這也造成了他們巨大的精神壓力，並表示他們作爲家長的也需要得到適切的支援。簡言之，特教學生家長未能得到專業的支援及輔導，不但使得他們未能夠協助自己的特教孩子成長，而且亦爲他們造成極大的壓力，使融合教育與家庭教育未能夠相互結合，最終導致香港的融合教育品質未能達到優質的水平。

肆、提升香港融合教育品質的策略

　　基於香港融合教育的實施現況，筆者現提出以下的教育品質提升策略，以供香港教育當局及融合教育工作者作爲參考：

一、學校行政方面

(一) 全面推行融合教育統籌主任制度

　　香港的融合教育之所以推行混亂，乃至實施欠缺成效，主要的原因在於缺乏專任教師統籌相關的實施工作。因此，筆者建議香港教育局增撥資源，讓每一所錄取了特殊教育學生之主流學校，得以聘請一名具特殊教育訓練的專任教師擔任融合教育統籌主任一職，專責處理推動融合教育的工作，包括：協助教師為特教學生制定個別化學習計畫、監督專業支援服務的素質（言語治療、讀寫訓練等）、教導教師為特教學生的情況撰寫報告、引領學科領導人發展校本融合課程、支援教師為特教學生進行學習調適等，使融合教育在專任人員的統籌下，可以變得更具系統，進而改善相關的實施品質。

(二) 成立學校融合教育專責委員會

　　學校各持分者欠缺共識也無疑會影響到融合教育的實施品質。故此，筆者建議校長於校內設置融合教育委員會，當中的成員包括：校長、副校長、融合教育統籌主任、輔導主任、各學習領域科主任、駐校社工、輔導員等，由上而下地推動全校教職員參與融合教育的工作；同時，委員會也負責帶領及監督融合教育工作計畫（學與教、學生培育）的落實，並定期檢討相關的實施成效；筆者相信這樣的安排將有助學校有系統地提升融合教育的品質。

(三) 強化特殊學校對普通學校的支援

　　在融合教育的政策下，被安置在普通學校裡學習的特教學生，依然需要得到不同方面的專業支援，以讓他們得以融入普通學校的環境，

並從中有所獲益；然而，普通學校的教師普遍欠缺豐富的特殊教育經驗，未必能夠有效地為特教學生設計適切的課程或進行學習調適；因此，筆者建議香港教育局以部分特殊學校作為融合教育支援中心，委派特殊學校教師為巡迴教師，支援推行融合教育的普通學校進行協作教學，並把寶貴的教學經驗與普通學校教師分享，以讓他們能夠於融合班內實施更有效的學與教策略，進而提升融合教育的教學品質。

二、師資培訓方面

(一) 提升修畢認可融合教育基礎證書的教師比率

現時，香港教育局只規定每所普通學校的10至15%教師、三至六位教師，修畢由香港教育局主辦的融合教育基礎證書、高級專題證書，這就是說並非全體教師都具有融合教育的知識，這難免影響到普通學校推行「全校參與模式」融合教育之實際成效；因此，筆者建議香港教育局分階段實施100%普通學校教師（包括校長、副校長、主任、教師）修畢融合教育基礎證書的目標，例如：發放額外的現金津貼讓學校聘任代理教師，以讓學校編制內或外的教師都可以外出進修為時一星期的融合教育基礎證書，以讓教師建構基礎的融合教育知識，從而提升融合教育之整體品質。

(二) 提供校本融合教育師資培訓計畫

不同普通學校所錄取的特教學生之特殊教育需要均有所不同，因此不同學校在實施融合教育之時均面對著不同的困難；由是之故，筆者建議香港教育局可以設立校本融合教育師資培訓計畫，派出特殊教育組的學校發展主任，為錄取較多特教學生的普通學校提供校本師資培訓，當中的作法，就是在校長、輔導主任、社工等調查校內教師的需要後，按

照調查結果與教育局的學校發展主任商討培訓內容，使校內教師的需要能夠得到適切的滿足，進而改善融合教育之實施品質。

三、家長教育方面

(一) 為特教學生家長提供專業的訓練

除了學校教育外，家庭教育對於特教學生的成長發展也具有極為重要的作用；因此，筆者建議香港教育局與大學特殊教育學系合作，為特教學生家長設置專門的培訓課程，教導他們如何在家中引導特教子女的學習，以及如何照顧特教子女的情緒，使家長得以發揮親子教育之功能，進而使得特教學生的學習及成長變得更為順利。

(二) 設立特教學生家長資源中心

嶄新的特教資訊能夠教育特教學生家長更有效地照顧自己的子女；因此，筆者建議香港教育局撥款成立特教學生家長資源中心，以協助特教學生家長掌握特教新知，並將之應用在照顧自己的子女身上，其工作包括：設置特教家長通訊雜誌（為特教學生家長提供教養經驗分享的平臺）、邀請特教領域專家學者主持講座、為特教學生家長提供個別化的輔導及支援、組織特教學生家長網絡（讓特教學生家長可以互相支持）等，這都有助提升融合教育的實施品質。

(三) 加強特教學生家長與學校的溝通

親師合作有助提升特教學生的學習成效。教師（班級導師）長期與特教學生相處，對特教學生的學習情況及社交發展有著深刻的觀察；家長在家中照顧特教孩子，也可以長時間觀察特教學生的生活習慣；

因此，若教師與家長保持緊密的聯繫，並一起制定特教孩子的學習計畫，那麼所制定的學習計畫定必更能夠切合特教孩子的需要。筆者建議學校定期組織親師聚會，以加強兩者的溝通及合作，進而提升融合教育的品質。

伍、總結

最後，香港融合教育的本意是爲了特教孩子的好處，希望藉此讓每一個孩子都能夠建立自己的成功經驗，進而成就自己珍貴的夢想及耀眼的未來；然而，筆者認爲推動融合教育可謂「路漫漫而修遠兮」，盼望各個持分者能夠抱著「吾將上下而求索」的精神，爲特教孩子一起投入更多努力，讓融合教育不只是一個理想，而是一個可行而具有品質的教育政策。

參考文獻

王淑惠（2010）。融合教育下的課程調整。東華特教，44，20-24。

李知蓉（2011）。國中資源班學生輔導之實務分享。臺東特教，33，11-13。

邱惠暄（2010）。普通班教師在融合教育中所需支援之探討。東華特教，44，25-30。

吳靜如（2015）。以教師專業學習社群促進融合教育發展。臺灣教育評論月刊，4(1)，186-190。

吳善揮（2013）。從一位讀寫障礙學生的學習去看香港融合教育政策的實施。特教園丁，29(2)，7-14。

吳善揮（2014）。香港融合班中文教師之教學困境研究。特殊教育發展期刊，57，85-106。

林育薰（2014）。融合教育之省思。惠明特殊教育學刊，1，191-195。

香港教育局（2014）。**全校參與模式融合教育運作指南**。香港：作者。

香港平等機會委員會（2012）。**融合教育制度下殘疾學生的平等學習機會研究**。香港：作者。

張世慧（2009）。學習障礙學生的教學與趨向。**國小特殊教育**，47，1-13。

柯閔文、陳美惠（2009）。為有特殊需求的學生找到一個屬於他們的舞臺——敦化國中融合教育的推動。**中等教育**，60(4)，168-179。

詹文宏、周台傑（2006）。高中職學習障礙學生和一般學生學校適應模式之研究。**特殊教育學報**，24，113-134。

曾瓊禛、徐享良（2006）。學習障礙青少年生活壓力、自尊與憂鬱之相關研究。**特殊教育學報**，23，105-146。

您，按讚了沒？
趕緊加入我們的粉絲專頁啲！

教育人文＆影視新聞傳播～五南書香　等你來挖寶

──【五南圖書 教育／傳播網】粉絲專頁提供──

- 書籍出版資訊（包括**五南**教科書、知識用書，**書泉**生活用書等）
- 不定時小驚喜（如贈書活動或書籍折扣等）
- 粉絲可詢問／訂購書籍或出版寫作、留言分享心情或資訊交流

【五南圖書 教育／傳播網】臉書粉絲專頁

　網址：http://www.facebook.com/wunan.t8